地方智库报告
**Local Think Tank**

# 昆明社会治理现代化
# 指数报告（2020）

杨　䶮◎主编

中国社会科学出版社

**图书在版编目（CIP）数据**

昆明社会治理现代化指数报告.2020／杨晶主编.—北京：中国社会科学出版社，2021.3

（地方智库报告）

ISBN 978 – 7 – 5203 – 8049 – 2

Ⅰ.①昆…　Ⅱ.①杨…　Ⅲ.①社会管理—现代化管理—研究报告—昆明—2020　Ⅳ.①D677.41

中国版本图书馆 CIP 数据核字（2021）第 040743 号

| 出 版 人 | 赵剑英 |
| 责任编辑 | 马　明 |
| 责任校对 | 任晓晓 |
| 责任印制 | 王　超 |

| 出　　版 | 中国社会科学出版社 |
| 社　　址 | 北京鼓楼西大街甲 158 号 |
| 邮　　编 | 100720 |
| 网　　址 | http://www.csspw.cn |
| 发 行 部 | 010 – 84083685 |
| 门 市 部 | 010 – 84029450 |
| 经　　销 | 新华书店及其他书店 |

| 印　　刷 | 北京明恒达印务有限公司 |
| 装　　订 | 廊坊市广阳区广增装订厂 |
| 版　　次 | 2021 年 3 月第 1 版 |
| 印　　次 | 2021 年 3 月第 1 次印刷 |

| 开　　本 | 787×1092　1/16 |
| 印　　张 | 19 |
| 字　　数 | 168 千字 |
| 定　　价 | 78.00 元 |

凡购买中国社会科学出版社图书，如有质量问题请与本社营销中心联系调换

电话：010 – 84083683

# 《昆明社会治理现代化指数报告（2020）》
# 编　委　会

编　委　会：程连元　刘佳晨　杨正晓　熊瑞丽
　　　　　　杨　皛　李建阳　金幼和　刘申寿
　　　　　　张　斌　赵学农　鲍宗豪

主　　编：杨　皛

执 行 主 编：鲍宗豪　龚志龙　林　华

执行副主编：王　兵　武红毅　向　昆

撰 稿 人：（按姓氏笔画排序）
　　　　　　王　欢　王翰姣　刘海辉　阳　见
　　　　　　李少春　李铁骥　宋　婕　张爽爽
　　　　　　陈　尧　陈欣悦　武凌竹　胡荣贵
　　　　　　顾海贝　唐统孝　诸俊凯　曹　斌
　　　　　　鲍　琳

数 学 建 模：陆元鸿

# 序　言

新时代呼唤新担当，新时代需要新作为。为深入贯彻落实习近平总书记考察云南指出的"不断增强边疆民族地区治理能力"重要指示精神，自觉主动解决地区差距、城乡差距、收入差距等问题，坚持在发展中保障和改善民生，统筹做好就业、收入分配、教育、社保、医疗、住房、养老、扶幼等各方面工作，昆明按年度出版计划，编著了《昆明社会治理现代化指数报告（2020）》。

主动融入旨在找出短板弱项，系统分析意在缩小区域差距。此书从社会活力、社会服务、社会环境"三大维度"，研究提出涉及民生保障，且支撑性较强，有分析比较价值、可量化的 46 项社会治理指标。通过昆明 2017—2019 年三年数据比较，纵向分析昆明市各部门社会治理的贡献率和发展趋势；通过与全国平均水平、27 个省会城市，以及西南片区省会城市三年数据对比，横向评价昆明发展现状，提出问题和不足，指出努力方向，不断缩小与发达地区差距；通过市域和县域两个维度进行比较分析，用数据系统评价昆明各县（市）区社会治理发展程度和市域成效贡献率，明晰发展路径。为昆明全市"十四五"时期进一步贯彻落实好习近平总书记考察云南重要讲话精神、努力打造边疆民族地区社会治理的"昆明样板"、高质量推进区域性国际中心城市建设具有重要意义。

"落其实思其树，饮其流怀其源。"昆明的发展得益于国家政策、民族团结和边疆稳固，而世界格局的演变，"一带一路"的建设，昆明从内陆城市变成发展前沿，主动服务和融入国家发展战略是其使命担当。本书以高质量推进区域性国际中心城市建设为载体，致力于边疆民族地区社会治理这个课题进行实践探索。期待知之者、好之者、乐之者不吝赐教，携手前行。

2021 年 3 月

# 目　　录

# 第一章　新时代昆明社会治理现代化的实践

近年来，昆明市认真贯彻落实党的十九届四中、五中全会精神，扎实推进社会治理体系和治理能力现代化建设，在实践中积极探索社会治理现代化的"昆明样板"，逐步走出了一条具有昆明特色的新时代边疆民族地区社会治理现代化的有效路径。

## 一　新时代昆明推进社会治理现代化实践的理念

党的十八大以来，习近平总书记从党和国家事业发展全局和战略高度，把"加强和创新社会治理"纳入改革与法治"双轮驱动"战略部署中，同时把它作为推进国家治理体系和治理能力现代化的重要内容。

在中国特色社会主义新时代，昆明以"市域社会治理现代化"理念为引导，践行"1566"工作思路，按照"民生""协同""服务"和"创新"的理念推进"一建·六体系·六能力""昆明样板"打造，推进社会治理现代化取得了积极成效。

## （一）践行"民生"理念

党的十九届四中全会通过的《决定》将"坚持以人民为中心的发展思想，不断保障和改善民生、增进人民福祉，走共同富裕道路"[①] 作为我国国家制度和国家治理体系的显著优势之一。昆明坚持以人民为中心的"民生"理念，凸显了昆明社会治理的价值取向，反映了昆明市民在社会治理实践中的地位、作用和角色。近年来，昆明不断加大民生投入，集中力量办好民生实事，2019年民生支出占一般公共预算支出的78%。居民收入持续提升，2019年城乡居民人均可支配收入分别达到46289元和16356元，年均增长8.1%、9.3%，人民群众获得感、幸福感、安全感不断提升。

## （二）践行"协同"理念

昆明市在践行"协同"治理理念的过程中，注意

---

① 《中共中央关于坚持和完善中国特色社会主义制度、推进国家治理体系和治理能力现代化若干重大问题的决定》，http：//www.xinhua-net.com/2019－11/05/c_ 1125195786.htm。

处理好多元行动主体之间的关系，使之平等相处、携手合作。推进市域社会治理现代化，需要各治理主体协商合作，形成治理合力。在市域社会治理中，治理主体间的关系是一种"主体间性"关系。这种"主体间性"关系是一种以规范为基础所形成的相互理解、相互作用的"主体—主体"的交往结构。在该交往结构中，没有主客体的对立，主体间是一种相互认同、相互承认、相互依存又相互影响的平等关系。正如党的十九届四中全会所强调的："必须加强和创新社会治理，完善党委领导、政府负责、民主协商、社会协同、公众参与、法治保障、科技支撑的社会治理体系，建设人人有责、人人尽责、人人享有的社会治理共同体，确保人民安居乐业、社会安定有序，建设更高水平的平安中国。"①

### （三）践行"服务"的理念

在推进社会治理过程中，昆明始终践行"服务"基层理念，不断健全立足县（市）区，服务乡镇（街道）、村（社区）的机制，融民生服务于社会建设之中。特别是 2011 年以来，昆明在推进社会治理现代化

---

① 《中共中央关于坚持和完善中国特色社会主义制度、推进国家治理体系和治理能力现代化若干重大问题的决定》，http：//www. xinhua-net. com/2019 – 11/05/c_ 1125195786. htm。

的过程中，注重把人力、财力、物力更多投到基层，按照网格化管理、社会化服务的要求，健全基层综合服务管理平台，强化城乡社区自治和服务功能，健全新型社区治理和服务体制，实现精神上"以服暖心"，生活上"以服解困"，发展上"以服增技"，教育上"以服助学"。

### （四）践行"创新"理念

习近平总书记指出："坚持创新发展，是我们分析近代以来世界发展历程特别是总结我国改革开放成功实践得出的结论，是我们应对发展环境变化、增强发展动力、把握发展主动权，更好引领新常态的根本之策。"[1] 昆明以习近平总书记的"创新"发展理念为指导，不断创新基层社区治理，开展"100 个城乡社区治理创新示范点"建设，引领昆明城乡社区的社会治理，促进市域社会治理现代化水平的提高。

## 二　新时代昆明社会治理现代化实践的特征

在推进社会治理现代化的实践中，以把握社会治理现代化的实践本质特性为基础，进而促进"一建·

---

① 习近平：《深入理解新发展理念》，《求是》2019 年第 5 期。

六体系·六能力"昆明模式的构建。

"市域"不仅是个城市概念，而且是一个"地域空间"的概念，它包含以行政区划内所确定的城市以及下辖的县（市）区。昆明在推进社会治理现代化实践中，着重立足以下四大特性，推进"一建·六体系·六能力"市域社会治理模式的打造。

## （一）治理实践空间的"多维性"

从空间范围的角度来看，市域社会治理的治理内容既不同于基层社会治理，又不同于县域社会治理。从社会治理的空间范围来看，包括市、县（市）区和乡镇（街道）、村（社区）四个层级；从社会治理空间的要素看，包括政治、经济、民生、文化、产业、医疗、金融、航空、物流等。同时具备党委组织、政府主体、社会组织、人民群众、企事业单位等社会主体。因此，市域社会治理是一个具有多层结构、多维要素、多元主体的全面系统的治理体系。

## （二）治理实践的"协同性"

社会治理实践的"协同性"，就是将"协同"治理的理念进一步转化为社会治理的实践。协同共治是新时代社会治理的内在必然要求，党的十九届四中全会提出建设"人人有责、人人尽责、人人享有的社会治理共同体"，其中"人人有责、人人尽责"就是要引导多元治理主体共同参与社会治理的实践。社会治理实践的"协同性"，从治理实践的空间来看，治理主体主要有党委、政府、社会组织、群团组织、人民群众等多元社会治理主体，这是昆明市域社会治理的主要核心力量。昆明推进市域社会治理现代化的实践，坚持对多元社会治理主体的整合，落实治理主体共建共治共享的理念，社会治理实践中的协同共治，在横向上构建昆明市域共治"同心圆"。

### （三）治理实践的"行动性"

治理实践的"行动性"是治理实践的内在特征。也正是在治理实践的"行动中"，才能形成并完善昆明市域社会治理现代化的模式。市域社会治理现代化实践行动主要包含以下两个方面：一是保持社会治理过程中的制度目标和行动目标关系之间的平衡，即党的十九届四中全会所提出的"坚持和完善共建共治共享的社会治理制度"和"提高社会治理社会化、法治化、智能化、专业化水平"的关系。制度是社会治理现代化的保障，行动是社会治理现代化的关键，只有在社会治理过程中制度和行动都发挥各自的作用，才能推进市域社会治理的现代化。二是在市域社会治理现代化实践的过程中，促进"人人有责、人人尽责、人人享有"社会治理现代化格局的构建,就要引导多元主体积极参与社会治理的行动,发挥治理主体的积极性、主动性、能动性,形成追求市域社会治理现代化实践的共同目标,并共同将其转化为市域社会治理现代化实践的行动。

### (四) 治理实践的"灵活性"

随着昆明城乡一体化、区域性国际中心城市建设的推进,一度曾面临环境污染、食品安全、交通拥堵等诸多城市社会治理的难题。面对市域社会治理过程中不断产生的新问题、新挑战,昆明没有照搬西方国家治理方式、走西方国家治理的路,也没有沿用传统"城乡二元经济结构"条件下所固化的治理方式,而是根据昆明市域社会治理存在的问题,以全面协同为基础,灵活制定行之有效的治理目标,完善治理体系、改善治理方式、提升治理效能。

## 三　新时代昆明社会治理现代化实践的功能

"十三五"时期,昆明推进社会治理现代化的实践,从理论上分析,实现了以下功能。

### （一）整合条块治理碎片化的功能

第一，打造市域各级政府的整体性功能。政府在市域社会治理中起着主导作用，政府的治理体制机制关系到社会治理的绩效。市域治理的碎片化源于市域各级政府部门资源分割的碎片化，打造整体性功能是破解碎片化问题的首要选择。一是深化机构改革。在2019 年昆明市的机构改革中，组建成立新的"昆明市委社会工作委员会"，作为市委工作机关，对外挂市社会建设办公室牌子，负责全市社会建设工作的总体布局、发展规划、统筹协调、整体推进、督促落实以及其他重大事项。这就有效实现了整合昆明市域社会治理中条块分割的碎片化功能。二是综合执法。加大条线执法力量向乡镇（街道）倾斜力度，推动行政执法重心下移，做实街道综合执法队伍，建立起"条块结合，以块为主"的乡镇（街道）综合执法机制。三是部门联动。昆明市域范围内各级政府之间建立常态化的联动机制，全面整合各部门投入基层的项目、资金，推进社会治理项目化管理。四是"一站式服务"。完成"一网四中心"平台建设，把相关业务统一到平台，规范办事流程，利用"互联网＋政务"实现线上线下同步操作，提高办事效率。

昆明打造市域社会治理"整体性功能"的实践促

使"分权政府"向"整体政府"转变，理顺了大部门制、大中心制、大窗口制三层关系：一是理顺了行政体系上中下层级关系，保障乡镇（街道）的权责对等、权能对等，实现市、县、乡三级政府的高效对接；二是理顺了同级行政部门之间的关系，合理界定了各部门事务清单，以及需要其他部门在市域社会治理中协助的事项，尽可能避免职责交叉重叠的现象；三是理顺了政府和基层村（社区）的关系，减少了村（社区）的行政负担，使村（社区）职能回归到为群众服务上来，实现了政府行政管理和村（社区）自治管理的有效衔接。"整体政府"的构建优化了市域社会治理方式，实现了"分散治理"向"综合治理"转变，提升了政府的社会治理能力和民众的政治效能感。

第二，推动市域各级的政社合作。随着经济社会的发展，昆明市加强与社会组织等新兴社会力量合作，以实现政社合作、多元共治。一是转变政府职能。按照"共建共治共享"的要求摆脱"超级保姆"的角色，主动调整政府、市场、社会三者之间的关系，政府把适合市场和社会做的事情，通过多维赋权方式逐步交给市场和社会。二是培育社会组织。通过"外引内育"的方式，即外引专业社会组织，内育村（社区）社会组织，培养新兴治理主体，重点培育环境保护、矛盾调解、邻里互助、健康养老、公益慈善等与基层治理密切相关的社会组织。三是项目化运作。以项目化的形式通过公益创投或公益招标，把一些公共事务交给具有一定承担能力的社会组织。政府委托第三方机构进行专业监督和评估。

第三，推动市域各级部门的民主协商。昆明市域社会治理注重涉及各级政府内部部门之间的协商及其与外界社会力量的双重协商，形成市域协商的运作逻辑。一是明确协商规范。规范诉求表达、意见征询、议题形成、协调议事、评估评议等工作环节，有效提升村（社区）协商效率，确保议事质量。二是扩大协商主体。注重吸纳威望高、办事公道的老党员、老干部、群众代表，以及党代表、人大代表、政协委员、驻村（社区）律师、民警、专业社会工作者和其他利益相关者参与协商。三是划分协商界限。按照事务分流的原则，对议题进行分类。提高协商议事的有效性、针对性。四是搭建协调平台。昆明把社会治理的联席会议、三社联动专题会、业主大会、共驻共建联席会、居民议事会等作为协商议事重要载体以拓展协商渠道，最大限度地收集各方意见，实现市域范围内各治理主体共建共治。

**（二）破解"整合资源"问题的功能**

第一，建立健全系统化、集成化的市域社会治理资源指挥调度机制。2020 年，昆明成立了创建"全国市域社会治理试点合格城市"总指挥部，下设 17 个分指挥部，统筹政法、环保、民政、金融、土地、社保等各行政部门资源，并吸引社会力量参与，实现市域社会治理资源集约化配置、系统化整合，在市域范围内形成综合治理的强大合力。

第二，整合"三大工程"建设力量，把执法和服务力量下沉到基层。一是网格化管理工程。全面推行网格化管理，建立市级大循环、区级中循环、街道小循环、社区"四级团环"分类处置机制，推动需求在网格发现问题在网格解决。二是社区化服务工程。2020 年以来，昆明按照科学、规范、统一、实用的原则，在市域范围内的县（市）区、乡镇（街道）、村（社区）各建立了三级综治中心。各级综治中心整合政法、综治、信访、维稳、民政、社保、计生等职能部门进驻，并且引导与群众生产生活密切相关的物业、金融、文体、托养、志愿服务等社会资源进驻，为群众提供窗口化、一站式、综合性服务，变单纯的行政管理为综合的公共服务，使群众不出远门就能把事情办好。三是信息化建设工程。昆明不断完善市域智能化建设，推动现代化科技与市域社会治理深度融合，把社会治理要素数据化、治理数据标准化，统筹推进昆明的热线、网络平台建设，建成覆盖城乡、便捷高效、均等普惠的现代服务网络。

第三，"六大体系"建设催生合力，解决单一部门想做但做不了的事情。2019年，昆明市正式启动组织运行、政策制度、公共服务、社会动员、群防群控、激励保障六大体系建设。六大体系建设催生了推进市域社会治理现代化的合力，解决了单一部门想做但做不了的事情。

如在群防群控体系中，在市域内由法院、公安、司法等部门组成的社会矛盾化解专项小组，建立矛盾纠纷排查化解协调会议制度、每月"一纪要两台账"、每年"一台账两报告制度"。在县（市）区各级综治中心设立矛盾调处中心，对各类矛盾纠纷实行信息化管理，及时分流，跟进化解。在每个村（社区）建立调解委员会，建立规范化调解室，由村（社区）党组织书记任主任，"两委"成员和村民小组长、老干部等任委员，依"法"调处各类社会矛盾。在行业内部建立医患纠纷、道路交通等专业性调解委员会，建立起了一个结构良好、功能协调、程序衔接、良性循环的多元矛盾纠纷调处机制。

同时，积极推进市域范围的公共安全群防群控，建设集业务受理、咨询服务、政策宣传、政务公开、社会监督等功能于一体的电子警务平台，回应民生诉求、提供信息查询、进行安防提示、发布权威信息，将互联网、公安网、通信网、政务网"四网"有机整合，实现公安业务和群众诉求的"一网受理、一站办结、一口回复、一线回访、一站考核"，形成了全覆盖、全时段、网格化、数字化的公共安全群防群控格局。

### （三）提升城乡一体治理的功能

第一，共生单元：市、县（市）区、乡镇（街道）、村（社区）的网络化治理。在昆明市域社会治理现代化实践中，昆明的市、县（市）区、乡镇（街道）、村（社区）均按照"治理体制现代化""工作格局现代化""治理方式现代化"的要求，共同融入昆明社会治理体系和治理能力现代化的"共生单元"，"共建共治共享"市域社会治理的资源和成果，形成市域社会治理现代化的强大合力。

第二，共生界面："党委、政府、市场、社会组织、居民"合作共治。首先，政府是市域城乡共生治理中的"规范面"与"引导面"，通过政府制定市域城乡治理的战略规划与政策框架，引导市域社会治理实践的行动。其次，市场是市域社会治理中要素流动的"传递面"，城乡市场发育是否健全、信息是否对称、供求关系是否完善、阻碍因素是否能及时消解，都会对市域社会治理产生影响。再次，城乡基层自治组织是市域社会共生治理中的"协同面"，城乡基层自治组织的发育程度将直接影响城乡的社会治理。最后，村（社区）中的志愿者与居民是城乡共生治理中的"参与面"，建立社区参与、自治、法治、德治的治理体系，可确保城乡融合与治理有效。

第三，共生模式：双向、并轨与平衡。在市域范围内"对称互惠共生"治理模式的特点是共生能量在城乡间能获得均等分配，城乡同步进化与平衡发展。2019 年以来，昆明的城乡关系正逐步从"非对称互惠共生"向"对称互惠共生"的治理模式过渡，市域内城乡社会治理呈现出越来越多的平衡发展迹象。昆明城乡相对平衡发展，为昆明城市范围内同时推进县（市）区全域的社会治理现代化提供了很好的基础。

# 四　新时代社会治理现代化
## 实践的"昆明样板"

昆明的市域社会治理现代化实践，始终坚持党的领导、提高政府效能、共建共治共享原则，践行"1566"工作思路，促进"六大体系"的构建，提高"六大能力"，即"一建·六体系·六能力"的样板。

## （一）坚持党的全面领导，提升党建引领社会治理水平

### 1. 打牢党建引领社会治理思想基础

牢固树立党建引领社会治理的理念，把"社会治理体系和治理能力现代化"教育纳入党员干部教育培训总体规划，切实把党的理论优势、制度优势、组织优势转化为社会治理的强大效能。从 2019 年开始，采用聘请国内知名专家学者来昆授课和组织干部赴省外先进地区学习等形式，深入开展社会治理专题培训，筑牢善治思想根基。

### 2. 压实党建引领社会治理工作责任

建立社会治理工作责任制，强化定性和定量相结合的指标设计，将社会治理工作完成情况列入县（市）区委书记、部门党委（党组）书记年度述职的重要内容，将社会治理工作纳入对县（市）区的年度目标管理绩效考核内容。

### 3. 提升党建引领基层治理水平

推行社会治理"党建＋"模式，创新基层党组织政治引领、组织引领、机制引领的途径和载体，实施全市城市基层党建示范引领行动和城市基层党建"书记领航"项目，推进"城市基层党建示范街道、社区覆盖提升工程"，加强党群服务中心建设管理，全覆盖建立街道党建联盟、社区大党委，扩大党对小区、园

区、商圈、楼宇及各领域党的组织和工作覆盖，推动非公有制经济组织和社会组织党建融入城市基层党建。坚持党的农村基层组织领导地位不动摇，健全基层党组织领导的基层群众自治机制，推进抓党建促农村宗教治理工作，推行村级小微权力清单，健全参与扫黑除恶、防范和整治"村霸"问题长效机制。

4. 推动社会治理党建品牌建设

高质量抓好昆明"智慧党建""红色物业""党建引领、吹哨报到""网格党建""楼宇党建""机关党组织和在职党员到社区双报到双报告""昆明好支书"等社会治理党建品牌创建。

**（二）构建"六大体系"，提升"六大能力"**

昆明在推进县（市）区、开发（度假）区的市域社会治理现代化实践中，形成了"六大体系"，提升了"六大能力"。

1. 构建组织运行体系，提升统筹指挥能力

（1）强化市级统筹协调作用。充分发挥市委社会建设工作领导小组的顶层设计、高位统筹、重点突破和督导检查作用，组建7个社会建设专项工作领导小组，深入研究解决重点难点问题，整体推进全市社会建设工作。在市委组织部、市委宣传部、市委政法委、市民政局分别明确一名县处级领导兼任市委社会工委

副书记，强化市委社会工委的统筹协调、组织实施能力。

（2）提升县（市）区治理效能。2020 年以来，各县（市）区进一步深化社会建设工作领导小组统筹功能，统一由各县（市）区委副书记兼任社会工作委员会书记；各县（市）区的社会建设工作专班统一设在县（市）区委办公室配备合理数量的工作人员专职开展社会治理工作。

（3）持续深化乡镇（街道）社会治理赋权扩能。加快推进乡镇（街道）管理体制、职能体系、运行机制改革，探索建立乡镇（街道）和部门履职双向评价制度，促进更多部门力量向基层下移，打造"归集群众诉求、分析研判社情、落实治理措施"一线指挥部。统一由乡镇（街道）党委（党工委）副书记直接负责辖区内社会治理工作，由社会事务办公室（社会建设办公室）具体负责辖区内社会治理工作。

（4）持续完善村（社区）社会治理责任制。发挥社区党组织的主导作用，统一由社区党组织书记负责辖区内社会治理工作。推行片区长、楼栋长制度，激活基层服务管理的神经末梢。优化社区事项"三个清单"，完善事务准入流程和制度，推进社区减负增效。

（5）健全社会治理协调联动机制。健全市、县（市）区、乡镇（街道）、村（社区）四级联席会议和

"跨部门、跨区域"议事协调机制，完善领导小组成员单位联络员制度，推动形成责任明确、齐抓共管、协同高效的统筹联动工作局面。

2. 构建政策制度体系，提升系统集成能力

（1）强化顶层制度设计。构建昆明市社会治理"1＋7＋N"政策体系（"1"即昆明社会治理中长期规划纲领性文件，"7"即加强和提升"党委领导、政府负责、民主协商、社会协同、公众参与、法治保障、科技支撑"水平的七个基础性文件；"N"即组织落实纲领性文件和基础性文件的若干配套文件政策、实施意见、管理办法等），科学编制昆明市社会治理"十四五"规划、《昆明市社会治理三年行动计划（2021—2023）》、《关于提升全市基层社会治理精细化水平的意见》，努力构建系统完备、科学规范、运行有效的具有云南元素、昆明特点的社会治理现代化制度体系。

（2）探索推进边疆民族地区治理立法。以建设科学完备的市域法律法规体系为指导，围绕边疆民族地区法治、德治、自治和智治"四治合一"能力建设，启动《街道办事处条例》《社区治理促进条例》《物业管理条例》等前期立法。

（3）完善社会治理综合评价标准。围绕《市域社会治理现代化试点工作指引》要求，动态优化"社会

治理指数"，将数据采集和分析研判向县（市）区、乡镇（街道）延伸，科学编制《昆明社会治理发展报告（2020）》，进一步完善"昆明市域社会治理现代化试点工作评价体系"，推动市域社会治理的标准化、规范化、制度化。年终委托第三方机构，对市域社会治理的试点工作，以及城乡基层社会治理进行综合测评。

（4）探索创新提炼"制度要素"。积极推进全国市域社会治理现代化试点城市创建工作，制定工作方案，从组织架构、重点任务、基本要求、工作保障等方面细化时间表、任务书，确定责任分工，逐项落实市域社会治理现代化工作要求。按照"边试点、边总结、边推广、边提升"的思路，鼓励县（市）区大胆创新探索，坚持"项目化"运作，高质量推进"五个一批"工程、"100个城乡社区治理创新试点"和"百佳小区"建设。持续关注"红色物业""志愿服务金豆积分""社会组织孵化""群防群治力量联动联勤"等工作，及时对基层创造的行之有效的治理理念、治理方式、治理手段进行总结和提炼，出台一批可在市级层面推广的政策。

3. 构建公共服务体系，提升民生保障能力

（1）积极促进创业就业。鼓励支持"双创"活动，高质量抓好高校毕业生、农民工、下岗失业人员、退役军人等重点群体就业工作，开展农村劳动力转移

培训 15 万人次，新增城镇就业 13 万人，实名登记高校毕业生就业率保持在 90% 以上。做好职业技能提升、转岗培训和失业保障等工作，复工复产中优先使用贫困地区劳动力。

（2）推动优质教育均衡发展。发挥"三名"工程效应，实施"十百千名师工程"，加大优质教育资源引入力度，发挥优质资源辐射带动效应，深入推进学区化管理和集团化办学，新建校舍 10.6 万平方米。提升学前教育普及普惠水平，促进城乡义务教育优质均衡发展，推进普通高中扩规提质，构建中高衔接、中本贯通的现代职教体系。发挥网络教育和人工智能优势，创新教育和学习方式，加快构建服务全民终身学习的教育体系。

（3）提高医疗卫生服务水平。全面推行基层医院运行机制改革和分级诊疗制度，建立健全慢性病管理体系，加快国家中医区域医疗中心建设。加强农村基层医疗卫生服务，完善突发公共卫生事件应急机制，强化公共卫生防疫和重大传染病防控能力，健全院前医疗急救体系、重特大疾病医疗保险和救助制度，提高医疗卫生服务质量。

（4）完善公共文化服务供给。深化第四批国家现代公共文化服务体系示范区创建和基层综合性文化服务中心达标建设。改善乡村公共文化服务，加强文化遗产保护传承。健全全民健身组织网络体系，打造全民健身品牌活动，带动全民健身活动广泛开展。

（5）健全完善社会保障体系。全面实施全民参保计划，深化养老服务市场化改革，加强残疾儿童、农村留守儿童和困境儿童福利保障体系建设。做好低保工作，及时发放价格临时补贴，确保群众基本生活。

（6）深化"放管服"改革。推进"互联网＋政务服务"建设，实行"一网通办、一站服务、一窗办结"，推进有关公共服务事项凭身份证或统一社会信用代码"一号通办"，实现城市社区综合服务设施全覆盖，村级综合服务设施覆盖率不低于90%。加快政务服务流程再造、数据赋能、智能驱动，打通并联政务服务 App、服务热线、微信公众号等渠道，构建微端融合、服务联动的政务服务体系。健全广大群众对公共服务的评价机制，广泛收集民情民意，精准及时提供公共服务。

（7）持续提升社会治理综合指数。科学运用《昆明社会治理发展报告（2019）》成果，对照治理指数反映出的问题和不足，精准施策、补齐短板，推动"财政向社会组织购买服务金额占财政支出比重""每万人拥有社会组织数量""每万人口助理社工师及以上社会工作人才""人均公园绿地面积""城镇污水集中处理率""每十万人慈善捐款数""工会建会率"

"新增重复信访率"等指标持续向好。

4. 构建社会动员体系，提升群众工作能力

（1）深入推进民主协商。加强市域协商民主制度建设，推动协商民主广泛多层、制度化发展。围绕群众反映强烈的民生问题，搭建利益相关方充分参与社区治理的"网络议事厅""居民议事会"等民主协商平台，丰富协商方式，探索实行试点社区"三有一公开"（有自治组织、有自治公约、有自治管理，推行小区、楼院院务公开），因地制宜开展党组织领导下的小区、楼院自治，强化群众社会责任感，不断优化全社会意愿和需求的最大公约数。

（2）完善"三社联动"工作机制。制定《昆明市推进"三社联动"创新社会治理的意见》等制度，建立以政府购买服务为牵引、以社区为平台、以社会组织为载体、以社会工作人才为支撑、以满足居民对美好生活的需求为导向的机制。

（3）大力培育发展社会组织。制定《优化政府购买社会组织服务的意见》和《昆明市承接社区服务的社会组织指导目录》，探索建立新型社会组织承接政府职能转移机制。强化外引内培，大力发展"枢纽型"社会组织和社区社会组织，在全市各社区培育5个以上社区社会组织，在主城五区和安宁市、晋宁区各建设或提升1个以上社会组织孵化机构。

（4）建立完善社会动员体制机制。广泛动员社会多元主体积极参与疫情群防群控，做好入户走访排查、疫区抵昆人员管控、社区困难群体帮扶、小区院落管理、公共区域清洁消毒、支持驻区单位、企业复工复产等工作。围绕打造社会治理共同体，出台《组织引导社会力量参与基层社会治理的实施意见》，发挥群团组织、民主党派、志愿服务队伍、驻区单位、新社会阶层等作用，加强行业协会商会自律功能，调动社会力量积极参与城市建设管理、城乡社区治理、公共安全和社会稳定维护、重大突发风险防控等公共事务的管理，不断提高基层化解矛盾的能力。

（5）加强志愿服务文化建设。聚焦疫情防控、复工复产、滇池保护、文明城市创建和服务即将在昆召开的两个国际性大会等重要领域，加强社区志愿者队伍建设，广泛开展社区志愿服务活动，健全完善职工、青少年、女性等群体常态化参与社区志愿服务制度，探索建立志愿服务激励机制，鼓励社区居民积极参与卫生清洁、环境整治、微改造、平安创建等志愿服务，充分展示昆明志愿服务文化精神。

（6）持续提升城市文明程度。按照"以评促创、以创促建、重在建设、注重长效、惠及百姓、造福社会"思路，深化文明村镇、文明单位、文明家庭、文明校园创建，全面推进新时代文明实践中心建设，全力冲刺全国文明城市创建。广泛开展培育社会主义核心价值观教育实践活动，持续提升市民文明素质。开展"扣好人生第一粒扣子"系列活动，加大"新时代好少年"学习宣传力度，强化未成年人思想道德建设。

5. 构建群防群控体系，提升风险防范能力

（1）强化社会治安综合治理。密切跟踪群众反映强烈的黄赌毒、盗抢骗等治安问题，建立经常性专项性打击整治机制。强化行业治理、基层治理，建立完善扫黑除恶常态化机制。落实机构、编制和人员，细化运行模式、工作制度、组织保障等，推动市、县、乡三级综治中心规范化建设全覆盖。加强流动人口服务管理，稳步推进农业转移人口市民化。净化网络空间，提升网上服务群众能力，完善网络社会综合防控体系。深化社区警务工作，加强重点行业和重点人员治安防控网建设，打造群防群治春城"红袖标"品牌，加快形成城乡统筹、网上网下融合、人防物防技防结合、打防管控一体的"大防控"格局。

（2）创新"枫桥经验"维护基层稳定。坚持和发展新时代"枫桥经验"，着眼无违法上访、无刑事治安案件、无邪教、无黑恶势力、无公共安全事故、无毒害、无群体性事件等目标，加强信访矛盾源头防治，完善重大决策社会稳定风险评估、社会矛盾排查预警、领导干部接访下访、矛盾纠纷多元调处化解等工作机

制，开展信访工作"三无"县（市）区、乡镇（街道）、村（社区）创建活动，健全人民调解组织网络，畅通群众诉求渠道，引导群众运用法律解决问题、化解矛盾纠纷，切实保障群众合法权益。

（3）加强公共安全风险应急管理。落实安全生产属地责任、部门责任、企业责任，建立安全稳定风险评估、监测、预警、化解和管控制度，完善市、县（市）区、乡镇（街道）三级应急综合指挥平台，推动城乡公共安全监管执法和综合治理一体化。探索设立城中村综合整治标准，推进公共安全示范社区建设，构建公众积极参与的应急管理社会动员体系，严防重特大事故发生。聚焦防范地震、火灾、传染病疫情等重大公共安全突发事件，定期组织社区开展群防群控应急演练，提升应对能力。

（4）加强法治社会建设。开展法治政府建设示范创建，深化行政执法体制改革，加大扶贫、安全生产、生态环境、食品药品、公共卫生、防疫管理、劳动保障等民生领域执法力度，推进行政执法权限和力量向基层延伸。全面落实司法责任制，推进严格公正司法。推进市、县市（区）、乡镇（街道）、村（居）的四级公共法律服务中心建设，完善公共法律服务体系。开展新一轮民主法治示范村（社区）创建，实施农村"法治宣传中心户""法律明白人"培养工程，全面推进"精准普法""智慧普法""菜单式普法""以案释法"，夯实依法治市的群众基础。

（5）优化社区网格化治理体系。细化优化社区网格设置，推动网格地理信息数字化。建立健全市、县（市）区机关干部下沉村（社区）网格工作预案，精准落实基层网格职责。统筹推动网格化服务管理中心建设，梳理整合城市管理、信访维稳、环境卫生、安全监管等原有网格职能，逐步构建市、县（市）区、乡镇（街道）、村（社区）、网格五级互联的网格化服务管理体系，加快形成"多网合一、一格多员、同格同责"的社会治理网格全覆盖格局。

6. 构建激励保障体系，提升创新实践能力

（1）优化治理资金投入方式。整合市、县两级社会治理财政保障资金，构建"保障"和"激励"双轨并行的资金支持机制。引导社会资金参与，探索设立社区公益微基金，促进社区治理公益项目发展。健全资金监管制度，提高资金使用绩效，保障社会治理各项工作顺利推进。

（2）加强社区人才队伍建设。全面建立专职社区工作者岗位与等级相结合的职业体系，严格落实社区专职工作者岗位补贴制度，加快完善社区选人用人和后备人才培养制度，充分调动基层干部干事创业积极性。制订并实施年度高校毕业生服务社区招募计划，

完善配套优惠政策，鼓励高素质人才面向基层就业。探索建立市内跟班学习机制，适时选派部分郊县社区书记（主任）到主城区工作开展较好的社区跟班学习；加大与北京、上海、杭州、成都等地社会治理人才双向交流学习力度，促进基层干部治理能力持续提升。

（3）借助外脑外力推进合作共赢。围绕基层需求，在省委党校、市委党校和部分省内高校，建立一批社会治理实训基地，推动校社、校地在人才培养、治理研究、社会服务等方面精准对接。紧跟社会治理研究领域发展动态，持续选聘优秀专家学者进入昆明智库。发挥昆明市社会治理工作专家智库和昆明市社会治理本土人才库智力支持作用，通过课题研究、学术交流、专家座谈、咨询研讨、人才培训、项目合作等方式，科学助力基层治理。

（4）打造社会治理科技平台。整合运用现有大数据、人工智能、区块链等现代科技与市域社会治理深度融合，导入集成"智慧党建""智慧安全""智慧应急""智慧社区""智慧服务"功能，加快推进县（市）区、街道、社区社会治理信息化平台建设。

（5）加强社会治理领域宣传工作。综合运用传统媒体和互联网、微博、微信等新兴媒介，采取论坛研讨、视频展播、主题活动、户外宣传等形式，组织好

"优秀社会组织""优秀社区工作者"以及"十佳社会工作者""十佳社会治理能人""十佳社会组织"等评选活动，重点宣传全市各地党建引领、服务提升、改革创新、共建共享、疫情群防群控等先进人员、典型事迹和工作成果，不断提升市民知晓率、参与率和认可度。

# 五　市域社会治理"昆明样板"的完善

昆明在贯彻落实十九届五中全会精神过程中，立足"十四五"完善市域社会治理"昆明样板"面临的新形势、新要求，聚焦社会建设"提高保障改善民生和加强创新社会治理"两大任务，以新理念、新思路谋篇布局；以新眼光、新方法解决新问题，找差距补短板，在提高社会建设水平的过程中不断实现人民对美好生活的向往。

## （一）昆明市域社会治理面临的新形势

"十四五"时期，面对国际国内发展环境深刻变化的新形势，面对新冠肺炎疫情防控常态化、应急服务管理常规化的新情况，完善市域社会治理现代化"昆明样板"，必须置于中华民族伟大复兴战略全局和世界百年未有之大变局这"两个大局"中来认识、来谋划，增强忧患意识、防范风险挑战，准确识变、科学应变、主动求变，不断提升市域社会治理现代化的水平。

1. 世界百年未有之大变局给社会治理现代化带来深刻影响

世界正经历百年未有之大变局，新冠肺炎疫情大流行加剧了大变局的演变，全球新一轮科技革命和产业变革深入发展，世界经济结构、产业结构、国际分工深刻变革，产业链、供应链、创新链、价值链深刻重组，特别是长期以来西方主导的国际政治经济环境正发生深刻改变，发展中国家和新兴经济体整体崛起，某些西方大国单边主义、保护主义、霸权主义抬头，加剧了国际治理体系危机，加深国际治理体系"碎片化"，国际环境日趋复杂，不稳定性不确定性明显增加。

2. 站在世界大变局中完善市域社会"治理现代化"昆明样板

昆明处于我国与南亚、东南亚交汇的中心，是我国面向南亚东南亚开放的重要门户枢纽。习近平总书记两次考察云南，要求全省在努力建设民族团结进步示范区、生态文明建设排头兵、面向南亚东南亚辐射中心上不断取得新进展。昆明作为省会城市，使命光荣、责任重大，特别是国家"一带一路"、长江经济带、新一轮西部大开发等重大战略和政策效应叠加，"提高昆明面向毗邻国家的次区域合作支撑能力"成为国家战略，昆明正从交通末梢转变为交通枢纽、从市场边缘转变为市场中心、从开放末端转变为开放前沿。面对新的形势任务，昆明必须站在世界大变局中谋划社会治理现代化工作，不断提升边疆民族地区社会治理体系和治理能力的现代化水平，积极探索将社会治理融入"一带一路"的全球治理体系，为南亚、东南亚地区的社会治理工作提供昆明样本。

**（二）社会主要矛盾变化对社会治理现代化提出的新要求、新挑战**

当前，我国经济增长速度从高速转向中高速，发展方式从规模速度型转向质量效率型，经济结构调整从增量扩能为主转向调整存量、做优增量并举，发展动力从主要依靠资源和低成本劳动力等要素投入转向创新驱动，社会主要矛盾已转化为人民日益增长的美好生活需要和不平衡不充分发展之间的矛盾。

1. 社会主要矛盾变化对社会治理现代化提出新任务、新要求

"十四五"时期，我国社会利益关系将更加多元复杂，社会阶层结构不断分化重组，居民参与公共事务意愿更强，社会治理面临更为错综复杂的环境。昆明

正处于宏观经济形势的影响期、历史遗留问题的消化期、新旧动能转换的换挡期"三期叠加"特殊阶段。在该特殊阶段，昆明面临着既要"赶"又要"转"的双重任务；面临着既要"做大规模"又要"提升质量"的双重压力。面对这些新的任务，昆明必须深刻把握新发展阶段的新特征新要求，加快构建以国内大循环为主、国际国内双循环相互促进的新发展格局，正确处理改革发展稳定的关系，因势而谋、因势而动、因势而进，不断健全基本公共服务体系，完善共建共治共享的社会治理制度，扎实推动共同富裕，推进市域社会治理现代化"昆明样板"建设工作取得新的成效。

2. 社会主要矛盾变化对社会治理现代化提出新挑战

"十四五"期间，社会主要矛盾的变化给昆明市域社会治理的现代化，提出了以下四大难题和挑战。

第一，党建引领社会治理面临新的难题。2019年以来，昆明市把党的领导贯穿社会治理的各方面全过程，党建引领基层治理水平不断提升。

但面临以下三个突出的难题。一是社区党组织书记能力素质有待进一步提升。"党建引领、吹哨报到""红色物业""双报到双报告""智慧党建"等居民区党建工作的深入开展，对社区干部尤其是党组织书记的能力素质提出了更高要求。然而，昆明市社区党组织书记能力素质与治理现代化的目标任务还不相匹配，社区党组织书记对如何抓党建引领社区治理、统筹整合辖区资源、领导凝聚辖区各类组织等思考谋划还不够精准，一定程度上影响了社会治理的整体效应；二是居民区党建工作有待进一步深化。由于居民区党建工作在全国层面都处于探索阶段，没有现成的模式可供借鉴参考。昆明市开展居民小区党建工作也是摸着石头过河，当前，更多的工作还是加强居民小区的党组织覆盖，对如何发挥居民小区党支部在小区治理中的领导核心作用，协调处理好业主委员会（业主代表）与物业服务企业关系等方面，尚未形成可复制、可推广的经验；三是"红色物业"的品牌效应有待进一步扩大。自 2019 年探索开展"红色物业"工作以来，昆明市坚持"高标准、严要求"的原则，在市级层面评选出 15 个"红色物业"，相对于 1736 个小区物业，尚未形成集群和规模效应。

第二，互联网＋政务服务面临数据归集、数据共享的难题。2020 年昆明市以优化营商环境为目标，大力推进"互联网＋政务服务"建设。但是，"互联网＋政务服务"面临数据归集难、共享难的问题。一是自建系统数量多，对接困难大。面向企业群众办事服务的审批业务系统共有 190 个，其中国务院垂管部门建设的 85 个，省直部门建设的 79 个，昆明市自建的 26 个。80% 的审批业务系统由国务院垂管部门、省直部门建设，省政务服务平台尚未与审批业务系统完全打通，从而造成数据共享难、业务协同难。二是数据返还机制不健全，信息共享不通畅。在全面部署应用省政务服务平台过程中，上级各部门尚未形成"数据返还""数据落地"机制，昆明市使用各类审批业务系统产生的"昆明市政务信息数据"难以归集到市工信委建设的政务信息数据共享交换平台，数据"可见不可用"，数据归集、共享难。

第三，稳就业、保就业等民生问题面临新的难题。2020 年，先后出台了《昆明市 2020 年稳定就业工作的若干措施》《昆明市疫情防控期间农村地区贫困家庭及边缘户劳动力稳就业保收入十条措施》《关于做好 2020 年精准帮扶农村劳动力转移就业工作的通知》《昆明市 2020 年促进高校毕业生就业创业十条措施》等政策措施，筹集就业补助资金 43102.36 万元，打出了一系列"稳就业"、"保就业"组合拳。全市提供有效就业岗位 18.43 万个，城镇新增就业 14.68 万人，城镇登记失业率为 4.22%，控制在 5.5% 以内。

但是，"十四五"时期昆明仍面临以下三大难题。一是稳定就业问题依然严峻。全球经济发展环境中的不确定因素对我国经济发展带来较大影响，叠加疫情影响，市场主体增长减缓，劳动市场需求增长不高，全市就业岗位供给和需求总量不匹配的问题将长期存在，给当前和今后一段时间的就业工作带来了较大困难和影响。全市劳动力培训层次和技能素质总体仍偏低，劳动力市场供求结构性矛盾依旧突出。高校毕业生就业压力增大，受疫情影响，缓就业、慢就业、暂不愿就业现象增多。就业工作信息化程度低，各业务系统数据不能融通、不能共享，就业创业服务质量不高，不能适应新时期就业创业服务的需要。二是社保参保扩面工作还有难点。虽然目前昆明市全市企业职工基本养老、工伤保险覆盖率已达96%以上，但仍未实现法定人员全覆盖。城乡居民养老保险待遇水平偏低，45岁以下居民参保缴费积极性不高。全民参保登记数据库与业务库尚未形成有效对接，数据共享比对和动态管理的机制不够完善，从而导致全面参保数据库动态更新不及时、不全面，无法满足精准扩面的要求。三是构建和谐劳动关系任重道远。受困于经济发展放缓以及疫情等因素影响，昆明市部分企业特别是中小微企业生产经营存在一定困难，经济领域的矛盾和风险正向劳动关系领域传导，劳动仲裁案件在一段时间内将持续攀升，对稳定和谐劳动关系的构建埋下了诸多隐患、增大了劳动关系风险。农民工工资清欠"前清后欠"、"边清边欠"现象依然存在。建筑市场落实保障农民工工资支付制度仍不全面、不规范，拖欠工程款问题和欠薪问题交织叠加，借讨要农民工工资名义解决工程款拖欠、经济纠纷的现象屡禁不绝，集体讨薪和极端讨薪事件的隐患尚未根除；全市劳动监察信息化管理仍有待升级完善。

第四，基层社会治理效能的提升面临新的难题。一是全市基层社会治理水平参差不齐。随着社会治理重心的下移，对基层社会治理工作提出了更高要求，但昆明市基层组织类型情况较为复杂，面临的问题各不相同，尤其是村改居社区集体经济产权制度改革尚未完成，影响了村改居社区治理效能的发挥。同时，社会力量没能得到充分发动。辖区内一些单位共驻共建动力不足；楼栋长等基层群众性自治组织还不健全；社区社会组织依然散、小、弱；社区居民对社区治理的参与意愿不强，多元主体同心协力、共帮共建、协商共治的格局尚未完全形成。二是基层普法和法律服务力量薄弱。昆明市大部分村委会（居委会）没有配备专门的普法和法律服务人员，开展法治宣传、法律服务活动主要依靠政府引导、社会参与的方式进行。同时，大部分村委会（社区）因受各种因素制约，未充分利用新媒体覆盖面广、实效性高、互动性强等特点，开设微信、微博和手机客户端。虽然有些村（社区）开通了微信公众号，但仅用于村委会（居委会）

一般事务的交流互动，开展法治宣传教育效果不理想。三是社区物业还未融入社会治理，物业公司党建工作薄弱。大多物业服务企业公司存在规模小，工作人员少、分布广、流动快、变化大的特点，部分 10 人左右规模的物业企业由于企业更迭速度快，导致加强党建工作进展困难的情况，出现了部分物业企业"重经济轻党建""重业务轻党务"的情况，造成物业党建只是一个简单的摆设，不能发挥出应有的实际作用，党建工作的覆盖率不高。四是社区行政事务负担仍然繁重，昆明市虽出台社区工作准入相关制度，但在执行中仍存在一些部门对社区准入认识不足、部分社区自身定位不清等问题，导致基层组织疲于应付各职能部门的大量工作，难以集中精力搞好社区自治服务。

## （三）完善社会治理现代化"昆明样板"的思路

"十四五"时期，昆明将认真学习贯彻习近平新时代中国特色社会主义思想和党的十九届四中、五中全会精神，贯彻落实好习近平总书记考察云南重要讲话精神，坚持人民主体地位，不断完善党委领导、政府负责、民主协商、社会协同、公众参与、法治保障、科技支撑的社会治理体系，建设人人有责、人人尽责、人人享有的社会治理共同体，努力打造边疆民族地区社会治理的昆明样板，让社会和谐有序、充满活力，为高质量推进区域性国际中心城市建设提供有力支撑。

首先，把党的领导放在首位，推动基层党组织引领基层治理作用充分发挥。

以加强基层党的组织建设为切入点，强化政治引领、组织引领和机制引领，实现党的组织延伸到底、治理路径畅通到底、服务触角覆盖到底。一是打牢党建引领社会治理思想基础。把"社会治理体系和治理能力现代化"教育培训纳入党员干部教育培训总体规划，加大社会治理专项培训力度。二是压实党建引领社会治理工作责任。将社会治理工作完成情况纳入领导干部评先评优、晋职晋级考核，纳入综合督查调研重点内容，压实工作责任，推动工作提质增效。

其次，完善社会治理政策制度，推动顶层设计与基层探索创新衔接贯通。

突出社会治理政策制度建设主线，以体制机制创新促进资源整合、力量融合、功能聚合，不断提升系统集成能力，激发治理效能。一是做好顶层设计。加快社会建设"十四五"规划编制，结合基层实际，进一步充实治理项目，确保与全市国民经济和社会发展"十四五"规划有效衔接、同步部署。二是完善政策制度。加快构建昆明市社会治理"1＋7＋N"政策体系，推动社会治理"昆明模式"更加定型、更加完善、更可持续。三是优化评价体系。科学编制《社会治理发展报告》，完善"1＋2"社会治理评价体系，加强"社会治理指数"同"六稳""六保"特别是民生保障工作同步推进。四是提炼"制度要素"。通过"全国市域社会治理现代化试点"创建，"100个城乡社区治理创新试点"和"百佳小区"建设，持续关注"红色物业"、"志愿服务金豆积分"、"社会组织孵化"、"群防群治力量联动联勤"等工作，及时总结提炼典型经验，进而上升到制度层面，系统推进社会治理工作。

再次，加快整合资源力量，构建协同高效的社会治理工作链条。

深刻反思和总结在新冠肺炎疫情防控工作中暴露出的问题，注重整合分散资源，梳理堵点、痛点、难点，固根基、扬优势、补短板、强弱项，加快完善职能优化、科学完备的组织运行体系和激励担当作为、协同高效的工作链条。一是强化市级统筹协调功能。在市委社会建设工作领导小组的领导下，充分发挥好市委社会工委和由市级领导牵头的7个专项工作组的作用，整合力量推进党建引领、制度建设、公共服务、社会动员、市域治理、基层治理、城市文明等方面的工作。二是提升县（市）区治理效能。强化各县（市）区社会建设工作专班建设，加强工作人员配备，高位统筹、协调推进基层治理工作全面展开。三是深化乡镇（街道）社会治理赋权扩能。探索推进乡镇（街道）管理体制、职能体系、运行机制改革，建立乡镇（街道）和部门履职双向评价制度，促进更多部门力量向基层下移。四是完善村（社区）社会治理责任制。发挥基层党组织的主导作用，统一由村（社区）党组织书记负责辖区内社会治理工作。推行片区长、楼栋长、十户长制度，激活基层服务管理的神经末梢。优化社区事项"三个清单"，完善事务准入流程和制度，推进基层减负增效。五是健全社会治理协调联动机制。建立完善市、县（市）区、乡镇（街道）、村（社区）四级联席会议制度、"跨部门、跨区域"议事协调机制和领导小组成员单位联络员制度，推动形成责任明确、齐抓共管、协同高效的统筹联动工作局面

然后，全面推进共同体建设，激发社会治理动力活力。

坚持"昆明是我家、建设靠大家"，提升公众参与积极性，推动全社会结成利益共同体、建设共同体、情感共同体。一是激发广大社会主体参与热情。健全以议事为重点的基层协商民主机制，开展"社区营造行动"，推行"三段六步工作法"，推广"社区听证"制度，推动重心下移、资源下倾、服务延伸。发挥"楼栋长""十户长"作用，有效破解老旧小区微改

造、物业管理混乱、城中村治安乱象等难题。二是探索实施宜居社区美化共建工程。学习借鉴先进地区经验，发挥分散在社区内的各类智力人才和专业资源作用，成立社区空间美化研究机构，实施城乡社区美学、城市地域文化特色等实践应用项目，组织发动广大社区居民共同塑造美丽宜居社区环境。三是加大社会组织培育发展支持力度。发挥社会组织孵化中心功能作用，为社区居民、社工人才与社会组织搭建更多联系纽带和桥梁，以政府购买服务项目化助推社会组织参与社会治理。

最后，夯实激励保障基础，科学系统提高治理水平。

加快人才培养，强化科技支撑，最大限度集合要素、集聚资源、集中力量，保障社会治理各项工作顺利推进。一是优化治理资金投入方式。加大市县两级社会治理财政资金保障力度，引导社会资金参与，探索设立社区公益微基金，促进社区治理公益项目发展。二是加强社区人才队伍建设。完善社区选人用人和后备人才培养制度，引导和鼓励高素质人才和高校毕业生面向基层就业。探索建立市内跟班学习机制，适时选派部分郊县村（社区）书记（主任）到主城区跟班学习；加大与北京等先进地区社会治理人才双向交流学习力度。三是借助外脑外力推进合作共赢。围绕基层需求，对接省委党校、市委党校，联合在昆高校，建立一批社会治理实训基地，充分运用好专家智库资源，通过课题研究、学术交流、专家座谈、咨询研讨、人才培训、项目合作等方式，实现理论与实践的有机融合。四是打造社会治理科技平台。通过整合集成"智慧党建""智慧安全""智慧应急""智慧社区"和"智慧服务"等功能，加快推进县（市）区、街道、社区社会治理信息化平台建设。五是加强社会治理领域宣传力度。综合运用传统媒体和互联网、微博、微信等新兴媒介，组织好"优秀社会组织"、"优秀社区工作者"等评选活动，重点宣传全市各级各领域党建引领、服务提升、改革创新、共建共享、疫情群防群控等先进人物、典型事迹和工作成果，不断提升市民参与率和认同感。

# 第二章  昆明市域社会治理
现代化实践的逻辑

如何全面评价昆明市域社会治理现代化的实践水平？如何客观反映昆明市域社会治理现代化实践水平的提升？本章以阐释社会治理现代化的历史逻辑为基础，揭示构建昆明市域和县域社会治理现代化实践的价值、社会治理评价指数的逻辑架构等，阐释昆明社会治理现代化实践逻辑的深刻本质。

## 一  社会治理现代化实践的
历史逻辑

昆明市域社会治理现代化实践是中国特色社会治理现代化实践的一部分，也可以说是中国特色社会治理现代化实践在昆明落地、在昆明的具体展现。昆明走向社会治理现代化的实践有其历史逻辑，也是中国特色社会治理实践历史逻辑的一个缩影。因此，只有充分把握中国特色社会治理实践的历史逻辑，才能更深刻地理解昆明社会治理现代化实践的理论逻辑。中国走向社会治理现代化的历史实践经历了以下三个阶段。

### （一）计划经济时期的社会治理实践

中国计划经济时期的社会治理实践，具体又有两个不同的阶段特征。

1. 1949—1957 年：以巩固政权为根本任务的"全能型"社会管制

新中国成立以后的几年，中国曾是极度贫困、极度落后、极度松散的国家。在从新民主主义向社会主义转变的过程中，国家开始由"国家的乱"逐渐走向"国家的治"。但是，新中国成立很长一段时间，确立的国家的治理理念是巩固"无产阶级专政"。

巩固国家的政权，必须在思想观念上保持统一，从根本上转变人民群众的意识。当时主要弘扬中国革命战争时期供给制的先进经验，由国家统一管理、统一支配，展开对单位"统一管理"的功能。在城市的生活居民区实行"单位制为主、街居制为辅"的管理体制，将政府和事业单位的公职人员统一由本单位进行日常的管理，同时将社会自由职业者、工商个体户、城市外来人员统一纳入街居进行管理。通过运用这两种管理手段，推进整个城市社会的治理，对国家政权的巩固和社会的稳定具有一定作用。在农村地区，"国家通过对农村人员实行人民公社管理，也就是农村基层组织"农村苏维埃"政权，实行"议行合一制"，管理和动员农村人员参与到生产建设中去。国家对农村人民公社的生产建设管理，进行统一生产、统一分配，相对应也就是对国家政权的巩固方式。

2. 1958—1978 年：以高度集中为特征的"综合型"社会管理

人民公社化的速度和广度都异常惊人，人民公社逐渐成为基层行政机关的"终端"，同时也是自行生产交换组织的代名词。人民公社是一个"政社合一"的组织架构，主要功能是开展农业生产，农民日常生活管理，同时贯彻中央的政策，维持经济的发展秩序。对在人民公社从事生产活动的农民，可以由公社安排农业生产活动，通过劳动获取工资报酬。从人民公社从事的活动来看，都是政治化的统一执行和行政化的统一管理，将人民群众统一纳入一元化的社会管理体制中，而且社会管理覆盖社会的方方面面，包含城市、乡镇、农村的各个领域，实现中央政府对整个社会的统一管理和统一支配。在这样背景下，就要推进中央集权领导，党和政府要对整个社会统一管理，从中央到地方都是由中央政府进行统筹分配，对整个社会公共事务进行有效的管理，建立统一的政府指令，形成统一的意识形态领导权，引领社会管理，构建高度统一的经济社会发展制度和高度统一的社会管理模式。

### （二）改革开放进程中的社会治理实践

1978 年，党的十一届三中全会后，在推进改革开放的同时，国家开始减少对社会管理的计划管制，放宽针对政治、经济、社会等方面高度中央集权的约束，不断地向市场开放来适应对外开放的需要。从十一届三中全会到党的十八大之前，社会管理体现以下三个特征。

1. 1978—2000 年：与市场相适应的社会管理

1978 年至 2000 年，我国确定了社会主义市场经济体制的发展目标。随着改革开放不断地推进，全面加强对市场化改革的实施，社会体制的改革渗透到政治经济社会领域的各个方面，在以经济建设为中心、优先发展经济的基础上促进社会全面进步，积极探索和变革社会治理。

1995 年，中共中央制定了"九五"发展计划，指出中国特色社会主义全面发展作为国家的战略发展目标，明确规定了"社会和谐、稳定、安全、文明、健康"是社会发展的内在要求。1996 年，《中华人民共和国国民经济和社会发展"九五"计划》具体部署

"加强社会事业全面深化改革，走向可持续社会发展道路"，"构建社会事业发展相配套的中国特色社会主义市场经济体制，并制定相应的运行机制"，推动经济社会协调发展。

2. 2002—2012 年：加强和创新社会管理体制

2002 年以来，通过不断加强社会管理体制创新，在推进中国特色社会主义现代化建设的背景下，开始探索具有符合中国特色的社会管理创新路径和方法。党的十六大强调"不断地加强社会管理体制改革，提升公共服务水平，推动社会发展稳定和谐有序。"2003 年，胡锦涛同志在国家防治"非典"工作会议指出，"中国特色社会主义要实现全面的发展，特别强调经济发展和社会建设要协调发展，要不断地创新社会管理体制，建立符合中国特色社会主义市场经济发展的社会管理体制"。在 2006 年《中共中央关于构建社会主义和谐社会若干重大问题的决定》中，在强调"经济建设""社会建设""政治建设"的同时，又增加了"文化建设"，即"四位一体"建设。同时强调："建设中国特色社会主义和谐国家，要不断创新社会管理体制，提升社会管理公共服务水平，打造健全党委领导、政府负责、社会协同、公众参与的新型社会管理格局。"2007 年，党的十七大报告强调："中国特色社会主义建设要以人民为中心，突出民生作为社会建设的目标"，不断创新社会管理方式，推进社会稳定和谐健康有序发展，推动人人参与构建和谐社会，和谐社会创建成果由人人共享的生动局面，2011 年 7 月，党中央、国务院印发了《关于加强和创新社会管理的意见》，推动了全社会的社会管理创新。

3. 2012 年以来：全面推进社会治理现代化

2012 年，党的十八大报告指出：要把推进社会管理和改善民生作为中国特色社会主义建设的重要内容。同时强调：要建立党委领导、政府负责、社会协同、公众参与、法治保障社会管理体制。可以说，党的十八大报告中第一次提出"社会管理体制"概念，是由于社会管理格局发生了转变，转向了社会管理体制，而且在社会管理体制中第一次纳入"法治保障"这一重要的内容。这说明社会管理的方式已发生改变，仅仅运用强制力的手段加强社会管理已经不适合时代的需求，通过依法管理和社会管理相结合，才能推动社会管理顺利实施。

2014 年，中华人民共和国第十二届全国人民代表大会第二次会议通过的政府工作报告对"加强社会治理创新，提升社会治理的效能和水平"做出一系列的安排，特别强调"坚持以人民为中心，坚持依法治理、坚持引导多元主体协同共治、坚持创新社会治理手段，坚持德治和法治相结合。"2017 年，党的十九大报告强调：社会主义社会的矛盾已发生转变：从人民群众日益增长的物质文化需求同落后生产力之间的矛盾转向人民群众日益对美好生活向往的需求同发展不平衡不充分之间的矛盾转变。所以，必须通过创新社会治理的方式不断地满足人民群众日益对美好生活向往的需求，通过依法治理实现社会的公平正义，创建和谐稳定有序的社会环境。

在中国特色社会主义新时代，为了将国家治理体系和治理能力现代化的任务落实到一个城市、一个地区，必须以创建"全国市域社会治理现代化试点合格城市"为抓手，解决社会治理面临的种种难题、种种挑战，不断提高市域（县域）社会治理现代化水平。

## 二　昆明市域社会治理现代化实践的理论逻辑

昆明选择社会治理现代化实践的"中国化"背景，适应了中国从"全能型管控"走向"综合性社会管理"，到"与市场经济体制相适应的社会管理"，再到"创新社会管理"和"社会治理现代化"的历史趋势，顺应了中国特色社会主义新时代社会治理现代化的需求，也是昆明立足中国特色社会主义新时代，对中国社会从"管理"到"治理"再到"治理现代化"的理论反思。昆明从 2018 年开始推进的社会治理现代化的实践，还有其内在理论逻辑：一个必然要求、坚持"四个原则"、突出治理体系和治理能力现代化的目标追求、形成"四治合一"的实践路径、持续提升人民群众获得感、幸福感、安全感的归宿。

### （一）推进昆明的市域（县域）社会治理现代化是实现国家治理体系和治理能力现代化的必然要求

在推进国家治理和社会治理的过程中，基层是创新社会治理的难点，市域是推进社会治理的关键。习近平总书记明确指出：社会治理是国家治理体系和治理能力现代化的重要内容，大城市治理是国家治理体系和治理能力现代化的重要组成部分，特别要求北京、上海等地走出一条中国特色超大城市社会治理新路子。当前，城市之间的人流、物流、信息流频繁流动，基层社会治理面临前所未有的风险和矛盾。尤其是在市域层面，随着城乡一体化的推进，大量农村剩余劳动力转移到城市，造成城市人口越来越密集，对城市流动人口管理、基础设施建设、突发事件应急管理都带来了巨大的挑战。面对复杂的社会治理难题，怎样才能从制度、体制、机制三重维度进行改革和创新，有效地统筹各方面的资源力量，并能够提出系统的应对措施，成为推进市域社会治理现代化的关键。首先，从治理能力的角度来分析，市域社会治理具有完善的治理体系，能够有效地解决城市和基层社会存在的问题，提升化解风险隐患的能力，优化基层社会治理的层级，成为推进市域社会治理现代化的"第一站"。其次，从治理环节的角度来分析，市域层面既要贯彻落实好中央关于国家治理的大政方针、制度安排、决策部署，又要立足实际对本市域社会治理统筹谋划、周密部署、推动实践，在国家治理中具有承上启下的枢纽作用。因此，推进市域社会治理现代化不仅是实现基层社会治理现代化的关键，同时也是实现国家治理体系和治理能力现代化的重要基石。

### （二）推进昆明市域（县域）社会治理现代化的"四个原则"

第一，坚持以习近平新时代中国特色社会主义思想为指导，夯实市域社会治理的思想基础。思想是行动的灵魂。习近平新时代中国特色社会主义思想，是对马克思列宁主义、毛泽东思想、邓小平理论、"三个代表"重要思想、科学发展观的继承和发展，是马克思主义中国化最新成果，是党和人民实践经验和集体智慧的结晶，是中国特色社会主义理论体系的重要组成部分，是全党全国人民为实现中华民族伟大复兴而奋斗的行动指南。因此，加快推进昆明的市域（县域）社会治理现代化，必须始终坚持以习近平新时代中国特色社会主义思想为指导，将习近平新时代中国特色社会主义思想的精神实质和丰富内涵贯彻落实到市域（县域）社会治理的各项工作之中，把准市域（县域）社会治理的时代脉搏，倾听市域（县域）社会治理的时代呼声，创新市域（县域）社会治理的时代路径，从而夯实市域（县域）社会治理的思想基础。

第二，坚持党的全面领导，夯实市域（县域）社会治理的政治基础。政治是行动的航标。党的十九大报告明确指出："党政军民学，东西南北中，党是领导一切的。"党的十九届四中全会审议通过的《决定》强调："中国共产党领导是中国特色社会主义最本质的特征，是中国特色社会主义制度的最大优势，党是最高政治领导力量"。因此，在推进市域（县域）社会治理现代化的进程中，必须始终坚持党的全面领导，坚持中国特色社会主义制度，增强"四个意识"，坚定"四个自信"，做到"两个维护"，把党的领导落实到市域（县域）社会治理的各个领域，各个方面和各个环节，自觉在思想上政治上行动上同以习近平同志为核心的党中央保持高度一致，实现党的组织、党的工作和党的声音在市域社会治理中的全覆盖，从而夯实昆明的市域（县域）社会治理的政治基础。

第三，坚持以人民为中心的发展思想，夯实昆明的市域（县域）社会治理的群众基础。人民群众是实现市域社会治理现代化的行动的力量源泉。人民通过发挥主观能动性创造历史，是决定党和国家前途命运的根本力量。党的十九大报告明确指出："坚持以人民为中心的发展思想，不断保障和改善民生、增进人民福祉，走共同富裕道路"作为中国特色社会主义制度和国家治理体系的显著优势之一。因此，加快推进市域（县域）社会治理现代化，必须始终坚持以人民为中心的发展思想，坚持人民的主体地位，自觉践行全心全意为人民服务的根本宗旨，把尊重民意、汇聚民智、凝聚民力、改善民生贯穿市域（县域）社会治理的全过程，把人民对美好生活的向往作为市域（县域）社会治理的奋斗目标，促进民生建设与平安建设的融合发展、携手并进，形成有效的社会治理和良好的社会秩序，满足人民多层次、多样化的需求，最大限度地提升人民的获得感、幸福感和安全感，从而夯实昆明的市域（县域）社会治理的群众基础。

第四，坚持共建共治共享的社会治理制度，夯实市域（县域）社会治理的制度基础。制度是推进市域社会治理行动的准绳。党的十九大报告提出了"坚持和完善共建共治共享的社会治理制度"，为加强和创新社会治理提供了遵循。因此，加快推进市域（县域）

社会治理现代化，必须始终坚持共建共治共享的社会治理制度，要注重完善党委领导、政府负责、民主协商、社会协同、公众参与、法治保障、科技支撑的社会治理体系；要注重构建完善应对人民内部矛盾有效机制，将矛盾问题化解在萌芽状态，化解在基层；要注重构建完善社会治安防控体系，形成问题联治、工作联动、平安联创的工作机制，提高预测预警预防各类风险的能力；要注重构建完善公共安全体制机制，建立公共安全隐患排查和安全预防控制体系，保障人民身体健康和生命安全；要注重构建完善基层社会治理新格局，健全党组织领导的自治、法治、德治、智治相结合的城乡基层治理体系，推动社会治理和服务重心向基层下移。只有把制度优势更好地转化为治理效能，建设人人有责、人人尽责、人人享有的市域（县域）社会治理共同体，才能夯实昆明的市域（县域）社会治理的制度基础。

## （三）突出社会治理体系和治理能力现代化的目标追求

2020 年以来，昆明突出社会治理体系和治理能力现代化目标追求，在推进市域（县域）社会治理现代化实践中，不断完善治理体系的现代化，不断提高社会治理现代化的能力。

### 1. 完善社会治理体系的现代化

一是完善社会矛盾化解体系。构建多元主体化解社会矛盾方式，推动人民调解、行政调解、司法调解有机统一结合起来，不断提升调解效率，把各类矛盾纠纷在本地发现本地解决、在萌芽状态就及时有效地解决。推动诉讼和信访的分离，构建健全完善涉法涉诉信访依法终结制度，着力解决人民群众教育、养老、医疗等治理难题。要不断地提高信访咨询服务的水平和能力，推动网上信访工作高质量发展，树立网上信访好用管用导向，创新和深化网上受理信访制度，不断提升信访的公信力和满意度。

二是要构建完善基层社会治理体系。强化党委领导，发挥党组织引领的作用，积极发挥基层社区党员模范带头作用，构建以党组织为核心，多元社会主体参与的社区主体治理架构，充分发挥基层党组织的战斗堡垒作用。在基层治理的过程中，积极推进社区民众民主协商建设，健全完善民主协商机制，发挥社区协调治理制度化、规范化、程序化的积极作用。同时推进社区治理体制改革创新，不断提升社区治理主体的能力和水平。健全公共服务体系，为人民群众提供常态化服务机制，同时要把服务供给与人民群众的需求有机统一起来，不断满足人民日益增长的服务需求，打通基层社区末端社会治理的难题。加强基层社区物业管理，积极解决业主难题，通过沟通协调化解纠纷，为基层社区提供文明和谐的生活环境。坚持以人民为中心，加强创新社会治理，完善基层社区治理体系，妥善处理好基层社区自治、法治、德治之间的协调关系。

三是建立完善社会心理服务体系。开展心理健康教育宣传活动，加大高校对心理健康咨询方面人才的培养，向基层社区输送心理咨询专业技术人员。政府通过购买第三方社会心理咨询服务，将其纳入基层社区服务公共管理体系，针对心理问题人群，提供更专业更有效的心理咨询服务，不断地完善心理咨询的检测机制、救助机制、疏导机制、危机干预机制、转介机制。

四是健全社会公共安全体系。习近平总书记要求：坚持总体国家安全观，走出一条具有中国特色的国家安全之路。要积极开展安全文化培育培训宣传活动，着力构建多领域、深层次的现代化公共安全网络。要对食品药品安全构建一系列公共治理体系，充分发挥政府在食品药品中的监督作用，同时要培育发展食品安全的协会组织，对其赋予一定的行政执行权，促进其对食品安全发挥预警、自律、监督、自净等作用。要不断地强化安全生产的责任制度，要构建安全的预警机制和应急机制，及时有效遏制安全事故的发生。

在安全生产过程中要不断地扩大监督的范围，加大监管的力度，提升安全责任意识，减少和避免安全事故的发生。要不断提升防灾、减灾、救灾的思想意识，构建防灾、减灾、救灾的制度体系，提高防灾、减灾、救灾的能力，实现从"尽量减少灾害的损失'向'尽量提前防控灾害"的转变。要不断创新社会治理的机制体制，健全完善安全防控预警预测体系，提升社会治理体系和治理能力，为人民群众生产生活提供一个安全和谐稳定的社会环境。

2. 完善社会治理能力的现代化

在实现社会治理现代化的过程中，社会化、专业化、法治化、智能化发挥着关键的作用。提高社会治理能力的现代化，集中体现为提高社会治理"四化"水平。

一是提高社会治理社会化水平。要引导多元社会治理主体协同共治，要打破多元社会治理主体形式主义，使其真正参与社会治理过程，提升治理的能力和水平。同时，要发挥党员模范带头作用，坚持从群众中来，到群众中去，有效积累群众基础，为提高社会治理社会化提供重要力量。

二是提升社会治理专业化水平。社会治理是一个复杂系统的工程，同时又作为一门科学，要不断地树立科学化的治理理念，培育专业化的人才队伍，提升社会治理社会化水平，才能实现社会治理现代化。加强专业建设，结合实际在高校增设社会治理的专业学科，构建完整人才培养体系，在基层治理过程中探索先进经验，融入社会治理课程中，通过理论指导实践，提升社会治理专业在治理实践中精准性和对口性。推动社会治理专业人才队伍建设，积极培养和吸纳社会工作专业人才、社会组织专业人才、心理咨询专业人才、社区工作专业人才、思想政治工作专业人才、志愿者专业人才。

三是提升社会治理智能化水平。在社会治理的过程中，要善于运用大数据、云计算、人工智能等现代化的信息技术，通过运用现代化信息技术有效辅助社会治理效能提升，使两者之间既能完美结合，又能通过利用现代科学技术打破传统的社会治理体制机制，推动不断地创新，使其能够有效应对社会治理内在需求。同时，既要依托"智慧城市"建设构造社会治理基础信息设施，又要避免信息设施重复建设，着力打破部门之间的"数据壁垒"和"信息孤岛"，合理实现数据信息的共建共享。同时，通过运用现代化科学技术推动社会治理，从而获取标准化的社会治理数据，提升社会治理的水平，精准地预警预测预防社会风险；通过标准化的数据可以及时有效地捕捉社会治理的需求问题，并能够快速解决社会的问题。然而，现代信息技术对社会治理存在着两面性，在享受信息技术带来便利的同时，更重要的是预防社会各种风险的发生。运用现代信息技术应在遵守公民的个人隐私的情况下，谨防陷入"数字利维坦"的诱惑和陷阱。

四是提升社会治理法治化。党的十八大报告指出：要通过"科学立法、严格执法、公正司法、全民守法"，不断提升社会治理的法治化水平。这是中国特色社会主义进入新时代提升法治化水平的内在要求。科学立法，制定科学公正实效的法律法规，实现善法之治；严格执法，提高法律的威严性，确保法律能够顺利执行落地，并取得良好的效果，切实维护人民群众的根本利益；公正司法，保障在处理的案件中体现公平公正性，真正地维护人民群众切身的利益；要保障全民守法，提升法律的尊严，积极引导公民做尊法、守法、用法的时代好公民。

## （四）形成"四治合一"的实践路径

昆明市域（县域）社会治理体系的完善、治理能力的提升，是在形成德治、法治、智治、自治"四治合一"的实践路径中逐渐实现的。

一是创新自治中有法治和德治的载体。昆明在100个城乡社区治理创新的实践中，发挥村（社区）有效的自治载体，加大构建监事会、矛盾调解委员会等自治组织。这些自治组织不仅扮演着自治载体的角色，而且还发挥着宣扬"法治"和德治的作用。村（社区）的自治特性主要表现为村（社区）民主监督的自治实践，更是践行市民公约、村规民约等基层法治精神的重要载体。

二是创新法治中有自治和德治的载体。在市域社会治理的实践过程中，法律法规和法治精神的宣传、村规民约、社区公约是提升"四治合一"的载体。例如，在村（社区）存在的邻里之间的矛盾、个人道德败坏等社会问题，按照村（社区）的情况可以村规民约进行约束，同时结合村（社区）的实际情况，制定具有本村（社区）特色的"法律法规"，对村民进行约束和道德谴责，通过这样的安排，能够积极引导村（社区）参与监督，营造村（社区）群众自觉遵守村规民约和法律法规的积极性。

三是创新德治中有自治和法治的载体。运用公民的言论自由权、参政议政权、批评权、控告权、建议权、集会游行示威权，打造共同的社会公共舆论，通过报纸、互联网、微博、抖音等新媒体对市民的道德行为进行支持和褒扬，对道德败坏的行为进行曝光，促使正气得以弘扬，促使城乡社区人民群众在自治和法治中凝聚道德共识。

四是创新智治中有德治和法治的载体。在城乡社区治理的过程中，推动信息化平台、新时代文明实践中心、综治中心建设。在法治轨道上推进市域社会治理自治建设，不仅仅要在立法、执法、司法、守法等各环节中推动市域社会治理的智治建设，更要在市域社会治理智治的各项工作中融入法治精神和法治规则，同时弘扬道德模范先进个人事迹、家庭美德、助人为乐等作用。以上市域社会治理的种种载体在一定的程度上促进了自治、法治、德治、智治的提升，这些都是"四治合一"的有益探索。

### （五）以提高人民群众的获得感、幸福感和安全感为归宿

**1. 提升人民群众获得感、幸福感、安全感**

党的十九大报告指出："人民对美好生活的向往，就是我们奋斗的目标"。这是中国共产党对社会治理目标的清晰认识，从人民群众最需、最难、最盼的社会现实问题入手，不断地改善人民生活水平，保障医疗养老等配套设施齐全，这对社会治理创新提出了一系列的新要求。随着城乡一体化的推进，农村剩余劳动力不断地向城市转移，随之出现了"交通堵塞""饮水问题""大城市病""电信诈骗""黑恶势力"等社会问题。推动基层社会治理现代化，"要坚持一切为了群众，从人民群众最恨、最怨、最烦的事情抓起，着

力解决好他们最关切的公共安全、权益保障、公平正义问题，切实增强城乡群众的安全感、幸福感、获得感"。只有这样，社会治理的价值才能够真正得到体现。

2. 建设更高水平的平安中国

党的十九届四中全会以来，国家对建设更高水平的平安中国若干重大问题作出了决策，以基层社会为治理领域，不断地探索将影响国家安定、社会安宁、人民群众财产安全等社会问题作为首要治理对象；同时要求不断地强化依法治理，善于运用法治思维和法治方式解决基层社会治理顽疾难题，运用大数据、云计算、物联网、区块链、人工智能等智能化手段提升社会治理的水平，不断深化平安中国建设。

# 三　昆明市域社会治理现代化实践的评价

昆明市域社会治理现代化实践的历史逻辑，阐释了昆明社会治理现代化实践水平的历史必然性；昆明社会治理现代化的理论逻辑，奠定了昆明社会治理现代化水平的理论与实践基础。

但是，要评价昆明市域（县域）社会治理现代化水平，就要科学建构昆明市域（县域）社会治理的评价指标体系。2020 年 3 月以来，课题组从《统计年鉴》、昆明市政府各部门以及各县（市）区采集相关数据，通过"逻辑化"归集、"标准化"建构，再运用大数据方法，计算昆明市域 46 个指标以及县域 21 个指标的社会治理指数得分，进而研判 2020 年昆明市域社会治理总体水平和各县（市）区社会治理水平，不断推进昆明市域和县域社会治理的现代化。

## （一）构建评价市域（县域）社会治理现代化指数的逻辑

架构指数体系、指标体系可从不同的视角、不同的认知、不同的类型、不同的性质切入，其间遵循的基本要求是，根据同类型指标或者同质性指标来架构指标体系的逻辑。根据这一要求，一般来说，评价对象要明确、有统计口径，指标相对独立、不交叉重叠、可比性强的指标，才能纳入评价指标体系，进而构建起评价市域（县域）社会治理现代化的指数体系。

1. 评价市域（县域）社会治理指数的"应然逻辑"（认知逻辑）

从昆明市域（县域）社会治理中存在的突出问题看，主要是社会活力还未充分激发、社会服务还不完善和社会环境还需进一步改善。

一是从社会活力来看：（1）工业化、城镇化进程相对滞后。昆明地处中西部欠发达地区，投资效益不高，制造业、服务业发展不快，产业结构调整相对缓慢。（2）开放度不高。地区经济社会的发展水平与对内对外的开放度关系密不可分，开放度的提高将有助于地区经济社会发展水平的不断进步。昆明市域的开放度处于西南地区国际化大都市的领先水平，但是县域的开放度仍处于较低水平阶段，制约了产业结构升级和自我发展能力的提高。

二是从社会服务来看：昆明作为云南的省会城市，社会服务达到了一定的水平。但是，下辖县（市）区的社会服务，由于公共服务市场优质资源相对集中限制了社会化、市场化主体的有效参与，一定程度上造成了城市低水平重复建设和乡村优质公共服务短缺并存的现象；同时，远郊县相对保守封闭的思想文化，使得积极性主动性缺乏，教育、卫生和体育处在相对落后的位置。

三是从社会环境来看：昆明市以及下辖的县（市）区，一些地区和部门对生态环境保护认识不到位，责任落实不到位，经济社会发展同生态环境保护矛盾仍然存在；城乡区域统筹不够，新老环境问题交织，区域性、布局性、结构性环境风险仍有不同程度的体现；

湖泊河流保护治理、水污染防治、饮用水源地保护、农村环境治理等难度较大，生态破坏、环境违法等问题时有发生。

因此，评价昆明市域（县域）的"应然逻辑"或者说"认知逻辑"必须围绕"社会活力""社会服务""社会环境"，既评价市域（县域）存在的问题，又着力促进市域（县域）治理不断完善发展。

2. 评价昆明市域（县域）社会治理指数的"实然逻辑"

评价昆明市域（县域）社会治理指数的"实然逻辑"，某种意义上说是一种现实的"实用"逻辑，即对昆明市域（县域）社会治理评价指标的筛选，要考虑"可采集""可比较""可跟踪"的"三可"评价原则。据此，分别选取了评价市域社会治理的 46 个指标，以及评价县域社会治理的 21 个指标，并从"社会活力""社会服务""社会环境"三大维度来评价昆明市域（县域）社会治理的效能。

因此，选择评价昆明社会治理的"实然逻辑"即"现实逻辑"，既是针对昆明以及未来较长时间内评价引导昆明改善市域（县域）社会治理的需要，也是确保昆明市域（县域）社会治理"应然逻辑"的认知价值的需要。

## （二）评价昆明社会治理指数的体系结构

### 1. 评价市域社会治理指数体系结构

昆明市域社会治理指数评价体系，从"社会活力""社会服务""社会环境"三大维度进行评价（详见表 2 - 1）。

表 2 - 1　　　　　2020 年昆明市域社会治理指数评价体系

| 昆明市域社会治理综合指数 | Ⅰ - 1 社会活力 | 1. 人口平均预期寿命（岁） |
| --- | --- | --- |
| | | 2. 人均地区生产总值（GDP）（万元） |
| | | 3. 常住人口城镇化率（%） |
| | | 4. 城镇登记失业率（%） |
| | | 5. 城镇居民人均可支配收入（万元） |
| | | 6. 农村居民人均可支配收入（万元） |
| | | 7. 财政向社会组织购买服务金额占财政支出比重（%） |
| | | 8. 每万人口拥有助理社工师及以上社会工作专业人才（人） |
| | | 9. 每万人拥有社会组织数量（个） |
| | | 10. 注册志愿者人数占常住人口比例（%） |
| | | 11. 有志愿服务时间记录的志愿者人数占注册志愿者总人数的比例（%） |
| | | 12. 每十万人慈善捐款数（元） |
| | Ⅰ - 2 社会服务 | 13. 社会服务事业费占财政地方一般预算支出的比重（%） |
| | | 14. 保障性住房基本建成面积占住宅竣工面积的比重（%） |
| | | 15. 文化事业支出占财政支出比重（%） |
| | | 16. 文化事业支出（万元） |
| | | 17. 每万人拥有群众文化设施建筑面积（平方米） |

续表

| | | |
|---|---|---|
| 昆明市社会治理综合指数 | Ⅰ-2 社会服务 | 18. 人均体育场地面积（平方米） |
| | | 19. 每千人口医疗卫生机构床位数（张） |
| | | 20. 每千人拥有执业医师数（人） |
| | | 21. 每千老年人口养老床位数（张） |
| | | 22. 每千人配置全科医生人数（人） |
| | | 23. 医疗卫生与计划生育支出（亿元） |
| | | 24. 工会建会率（%） |
| | | 25. 已成立业委会小区占符合成立条件小区比例（%） |
| | | 26. 教育经费支出（亿元） |
| | | 27. 生均义务教育公用经费支出（元） |
| | | 28. 高级技能人才占技能劳动者比重（%） |
| | | 29. 实有人口万人报警类 110 警情数（起） |
| | | 30. 法律援助案件受理数（件） |
| | | 31. "12345" 市民服务热线办结率（%） |
| | | 32. 城市公共交通分担率（%） |
| | Ⅰ-3 社会环境 | 33. 节能环保支出（亿元） |
| | | 34. 建成区绿地率（%） |
| | | 35. 人均公园绿地面积（平方米） |
| | | 36. 万元地区生产总值能耗下降率（%） |
| | | 37. 城镇污水集中处理率（%） |
| | | 38. 生活垃圾无害化处理率（%） |
| | | 39. 全年空气优良率（%） |
| | | 40. 城市声环境功能区夜间监测总点次达标率（%） |
| | | 41. 亿元国内生产总值生产安全事故死亡率（%） |
| | | 42. 食品抽检合格率（%） |
| | | 43. 群众安全感满意度（%） |
| | | 44. 民间纠纷调解成功率（%） |
| | | 45. 一般程序交通事故（起） |
| | | 46. 新增重复信访率（%） |

## 2. 评价县域社会治理指数体系结构

昆明县域社会治理指数从"社会活力""社会服务""社会环境"三大维度进行评价（详见表2-2）。

表2-2　　　　　　2020年昆明县域社会治理指数评价体系

| | | |
|---|---|---|
| 昆明县域社会治理 | 1. 社会活力 | 1. 2019 年末城镇常住人口数（万人） |
| | | 2. 城镇居民人均可支配收入（万元） |
| | | 3. 农村居民人均可支配收入（万元） |
| | | 4. 地区生产总值（万元） |
| | | 5. 居民储蓄存款余额（亿元） |
| | | 6. 注册志愿者人数占本地常住人口比例（%） |
| | | 7. 有志愿服务时间记录的志愿者人数占注册志愿者总人数的比例（%） |
| | | 8. 《国民体质测定标准》合格以上的人数比例（%） |
| | 2. 社会服务 | 9. 人均体育场地面积（平方米） |
| | | 10. 医疗卫生机构床位数（张） |
| | | 11. 每千名常住人口公共卫生人员数（人） |
| | | 12. 小学生均义务教育公用经费支出（元） |
| | | 13. 初中生均义务教育公用经费支出（元） |
| | | 14. 普通中学在校学生数（人） |
| | | 15. 各种社会福利收养性单位数（个） |
| | | 16. 行政村4G覆盖率（%） |
| | 3. 社会环境 | 17. 建成区绿地率（%） |
| | | 18. 人均公园绿地面积（平方米） |
| | | 19. 生活垃圾无害化处理率（%） |
| | | 20. 县城声环境功能区夜间监测总点次达标率（%） |
| | | 21. 无劣于Ⅴ类水体（有＝0/无＝1） |

3. 昆明市域（县域）社会治理指数评价体系的内在逻辑

筛选评价昆明市域（县域）社会治理指标，架构评价指数体系三大维度的逻辑如下。

（1）"社会活力"是市域（县域）社会治理的动力。在市域社会治理评价体系中，设置了"人口平均预期寿命""常住人口城镇化率""城镇居民人均可支配收入"等12个指标；在县域社会治理评价体系中，设置了"居民储蓄存款余额""地区生产总值""注册志愿者人数占本地常住人口比例"等8个指标。

（2）"社会服务"是市域（县域）社会治理的保障。在市域社会治理评价体系中，设置了"文化事业支出占财政支出比重""教育经费支出""城市公共交通分担率"等20个指标；在县域社会治理评价体系中，设置了"人均体育场地面积""普通中学在校学生数""行政村4G覆盖率"等8个指标。

（3）"社会环境"是市域（县域）社会治理的条件。在市域社会治理评价体系中，设置了"节能环保支出""万元地区生产总值能耗下降率""食品抽检合格率"等14个指标；在县域社会治理评价体系中，设置了"建成区绿地率""县城声环境功能区夜间监测总点次达标率""无劣于V类水体"等5个指标。

市域（县域）社会治理的"社会活力""社会服务""社会环境"，既相对独立，从不同的侧面和维度，发挥评价引导市域（县域）社会治理的各自功能；又互补成为一个整体，从整体上协调互补评价引导市域（县域）社会治理的现代化。

# 四　昆明市域（县域）社会治理现代化的实践应用

为了追求昆明市域（县域）社会治理现代化实践应用的"物理准确性"，课题组通过运用主成分数学建模，计算昆明市域和县域社会治理现代化的综合指数。

## （一）运用主成分数学建模计算昆明市域（县域）社会治理综合指数

运用主成分数学建模计算"昆明市社会治理综合指数"的具体步骤和方法如下。

1. 对各种变量数据的"中心化标准化"处理

在实际进行主成分分析计算时，由于各个变量的实际意义不同，各个变量的量纲单位不一样，各个变量数据的数量级也可能相差很大，所以，在进行主成分分析计算之前，课题组先对各变量的观测数据进行了"中心化标准化"处理。

所谓"中心化标准化"处理，就是对每个变量的每个数据，都减去这个变量的样本均值，再除以这个变量的样本标准差。做这样的中心化标准化处理以后，各个变量都变成了无量纲单位的变量，样本均值都等于0，样本标准差都等于1，就不会发生数量级相差悬殊的情况了。

2. 进行主成分分析

对中心化标准化的数据进行主成分分析，算出各个主成分的贡献率和载荷，其中贡献率最大的就是第1个主成分。将第1个主成分的载荷除以各个变量的样本标准差，这样就得到了未中心化标准化以前的原变量的载荷系数，也就是各个原变量在"昆明市域（县域）社会治理综合指数"中的系数。

3. 计算昆明市域（县域）社会治理"综合指数得分"和"百分制得分"

将与各个年份（即各次观测）对应的原变量的数据，乘以这些原变量在"昆明市社会治理综合指数"中的系数，再加起来，就得到了与各个年份对应的"昆明市社会治理综合指数得分"。

为了让人更容易看出各个年份"昆明市域（县域）社会治理综合指数得分"的大小，课题组还算出了各个年份的"昆明市域（县域）社会治理综合指数百分制得分"，具体计算方法如下。

第一步：先求每一个变量（即各个评价指标），在各个年份观测数据中的最大值，将每个变量观测到的最大值，乘以这些变量在"昆明市域（县域）社会治理综合指数"中的系数，然后加起来，就得到了昆明市域（县域）社会治理综合指数的"百分标准值"。

第二步：再将各个年份的昆明市社会治理综合指数得分，除以昆明市域（县域）社会治理综合指数的"百分标准值"，开平方以后，再乘以 100，就得到了各个年份的"昆明市域（县域）社会治理综合指数百分制得分"值。

例如，2017 年的"昆明市域（县域）社会治理综合指数得分"是 543.4621376，而昆明市域（县域）社会治理综合指数的"百分标准值"是 680.2702580，计算可得：

$$543.4621376 \div 680.2702580 \times 100 = 79.89$$

所以，2017 年"昆明市域（县域）社会治理综合指数百分制得分"就是 79.89 分。

## （二）昆明市域社会治理现代化实践的新特点、新水平

运用"昆明市域社会治理现代化指数评价体系"

评价 2020 年以来昆明的社会治理实践，可发现它具有以下新特点、新水平。

1. 市域社会治理现代化水平不断提升，为建设区域性国际中心城市奠定了良好的社会基础

课题组在总结 2019 年评价昆明社会治理综合水平的基础上，对 2019 年的 36 个指标进行了修正完善，筛选了 46 个指标，每个指标提供 2017 年、2018 年、2019 年的数据，然后运用主成分数学建模计算昆明市域社会治理现代化的水平。

2017—2019 年，昆明市域社会治理综合指数呈稳步上升趋势。以 2017 年为基数进行比较，2018 年社会治理综合指数得分较 2017 年提升了 0.31%；2019 年社会治理综合指数较 2017 年提升了 0.84%。

昆明的市域社会治理综合指数，两年提升了 1 个百分点，离不开 46 个指标的增长贡献。如昆明的"人均地区生产总值（万元）"，2019 年比 2018 年增长 6.26%；"财政向社会组织购买服务金额占财政支出比重（%）"，2019 年比 2017 年增长了 134.62%；"医疗卫生与计划生育支出（亿元）"2019 年比 2017 年增长了 20.49%；"生均义务教育公用经费支出（元）"，2019 年比 2017 年增长了 18.07%。

显然，正因为有"人均地区生产总值"、医疗卫生、教育和社会服务事业费等标志区域性国际中

心城市指标数据的增长和提升，才有昆明市域社会治理现代化增长一个百分点的绩效，才能展示昆明作为辐射南亚东南亚区域性国际中心城市的地位和形象。

2. 市域的"社会活力"指数，体现了昆明创新社会治理的绩效，展示了昆明市域社会治理不断提升现代化水平的生机与活力

评价昆明市域社会治理现代化的指数的 46 个指标，分为"社会活力""社会服务""社会环境"三个维度的分指数。在"社会活力"分指数中，有 12 个指标构成评价昆明市域社会治理现代化的活力。

仅就昆明的"人口平均预期寿命（岁）"看，它既是衡量一个城市人口健康状况的重要指标之一，也是评价一个国家或一个城市、一个地区经济社会发展水平的综合指标。人口平均预期寿命高标志着该城市、该地区具有可持续发展的活力。2017 年昆明市居民平均预期寿命为 78.96 岁；2018 年达到了 79.01 岁；2019 年提高到 79.41 岁。2019 年比 2018 年增长 0.4 岁，比 2017 年增长 0.45 岁。将昆明的平均预期寿命放到全国来看，2016 年 10 月，在国务院印发的《"健康中国 2030"规划纲要》中明确提出，到 2020 年全国人均期望寿命达到 77.3 岁，到 2030 年全国人均期望寿命达到 79.0 岁。昆明已提前达到这一目标。

2008—2018 年，昆明 10 年间人均期望寿命增长了 3.04 岁，平均每年增长 0.3 岁。从昆明人均期望寿命的增长，可窥见昆明建设区域性国际中心城市给经济社会发展带来的活力。

3. 市域"社会服务"指数直接反映民生福祉的改善程度，体现民生的幸福感、归属感

昆明市域社会治理的"社会服务"分指数，通过 20 个指标评价民生福祉的改善。一是"每万人拥有群众文化设施建筑面积（平方米）"，2017 年为 2223.39 平方米，2018 年上升到了 3060.41 平方米，上升幅度为 37.65%；2019 年是 3026.08 平方米，基本与 2018 年持平。群众文化设施建筑面积的上升幅度，体现了昆明市贯彻落实党的十九届五中全会精神，满足昆明市民日益增长的文化需求的情况；二是"城市公共交通分担率（%）"，2019 年为 42.27%，比 2017 年的 40.32% 上升 4.84%。这反映了昆明市委市政府为解决老百姓反映最多且长期困扰昆明的"交通拥堵"城市顽症，大力发展城市公共交通的绩效。

4. 市域"社会环境"不断优化，为国际生物多样性会议营造良好的社会氛围

2021 年 5 月 17—30 日将在昆明举办《生物多样性公约》第十五次缔约大会（即 COP 15 大会）。习近平总书记多次在重要国际场合提出要加强双、多边合作，

努力将 COP15 办成一届具有里程碑意义的大会。市域"社会环境"筛选了"建成区绿地率""人均公园绿地面积""全年空气优良率"等 14 个指标,评价昆明市域的"社会环境"。

昆明的全年空气优良率 2017—2019 年,三年均保持在 98.5% 左右。截至 2020 年 12 月 30 日,昆明全市空气优良率 100%,为"十三五"时期最佳,主城空气质量水平长期居全国省会城市前列。"十三五"期间,昆明市全面实施大气、水、土壤污染防治行动,把滇池保护治理作为"一把手"工程,坚持"四个治滇",推动"六个转变",滇池生态系统逐步恢复,全湖水质从劣 V 类好转为 IV 类,水质逐年改善。通过实施阳宗海水污染防治"十三五"规划建设和治理,阳宗海水质由 IV 类恢复到 III 类,水质保持长期稳定。通过两年多黑臭水体治理攻坚,昆明成功入选国家城市黑臭水体治理示范城市。[①]

生态好不好,动植物是裁判。昆明的空气优良率,以及立体气候造就了丰富的生物资源,种子植物有近 200 个科 3000 多种。昆明滇池的持续治理,环境不断改善,湖滨湿地植物共有 290 种,较 2012 年增加了 49 种;现有鸟类 138 种,较 2012 年增加了 42 种,充分体现了昆明完善的自然保护体系。正因为昆明市域

---

① 《潇湘晨报》2020 年 12 月 30 日。

"社会环境"近3年均有很大改善，一些环境指标在全国处于领先水平，所以GDP 15大会定于2021年5月在昆明召开。

### （三）昆明县域社会治理现代化实践的新特点、新走势

由于国家和地方的统计年鉴无相关县级城市的社会统计，即使是经济类的数据也很少。因此，很难对县（市）区的社会治理展开评估。

在研究和评价昆明市域社会治理现代化实践的过程中，2020年5月昆明市委社工委组织昆明市下辖的18个县（市）区、开发（度假）区，收集了21个相关统计数据，第一次对昆明县域社会治理现代化实践开展整体评价，以反映国家治理体系和治理能力在县（市）区落地的情况，反映昆明的县（市）区推进县域社会治理的实践水平。

通过对昆明县（市）区、开发（度假）区社会治理现代化实践的评价，可发现昆明县域社会治理现代化的以下新特点、新走势。

1. 昆明县域社会治理现代化的总体水平虽然不高，但它具有引领和示范的价值

昆明县域社会治理现代化的总体水平，通过"社会活力""社会服务""社会环境"三个维度21个指

标来评价。在采集了 16 个县（市）区、开发（度假）区 2019 年的 21 个指标数据后，运用主成分数学建模计算昆明县域社会治理综合指数。

2019 年昆明县域社会治理综合指数得分为 76.65 分，总体水平不高，符合昆明县（市）区社会治理现代化实践的客观水平。但对县域社会治理现代化实践水平评价的价值在于：它不仅开创了评价县域社会治理现代化实践的先例，而且对昆明县（市）区、开发（度假）区推进社会治理现代化具有示范引领的价值。

2. 昆明县域社会治理实践发展不平衡，主城区与郊县（市）区的社会治理水平差距较大

从 16 个县（市）区社会治理现代化实践水平来看，可以分为以下 3 个梯队。

第 1 梯队：得分在 80 分及以上的有 4 个县（市）区。五华区（90.47 分）、官渡区（84.64 分）、西山区（82.78 分）、盘龙区（82.17 分）。

第 2 梯队：得分在 70 分及以上的 11 个县（市）区，主要有呈贡区（78.62 分）、安宁市（78.26 分）等。

第 3 梯队：得分及在 60 分及以上的 1 个县（市）区，即东川区（69.62 分）。

显然，第 1 梯队的第 1 名与第 3 梯队的东川区，

得分相差 20.85 分。

县域"社会活力"分指数得分，第 1 名五华区 90.65 分与最后 1 名东川区的 62.02 分，相差 28.63 分；"社会服务"分指数得分，第 1 名五华区 94.11 分与最后 1 名经开区 56.70 分，相差 37.41 分；"社会环境"分指数得分，第 1 名呈贡区 89.62 分与最后 1 名阳宗海风景区的 68.78 分，相差 20.84 分。

昆明县域社会治理的不平衡发展是客观现实，也正因为不平衡发展，所以要通过评价，引导每个县（市）区找到短板，采取针对性措施整改，提升社会治理现代化水平。同时，处于领先水平的县（市）区，进一步总结提升，为各县（市）区乃至云南省的社会治理现代化提供示范引领。

# 第三章　昆明市域社会治理综合指数

　　昆明在贯彻落实党的十九届五中全会精神过程中，聚焦社会建设"提高保障和改善民生，加强和创新社会治理"两大任务，把人民的需求、人民的感受作为工作目标，谋篇布局：以问题为导向，找差距补短板；坚持以民为本，构建人人有责、人人尽责、人人享有的社会治理共同体，在提高社会建设水平的过程中不断满足人民对美好生活的向往。昆明立足面向南亚、东南亚的区域性国际中心城市建设要求，每年度分析研判昆明市的社会治理综合指数得分，反映昆明市今后一个时期的社会治理综合指数变动特点和规律，促进昆明市域社会治理创新。

# 一　昆明市社会治理综合指数得分
# 及变动情况（2017—2019 年）

　　昆明市社会治理综合指数 2017 年得分为 80.78 分，2018 年得分为 81.03 分，2019 年得分为 81.46 分年度综合指数得分持续上升（见图 3 - 1）。

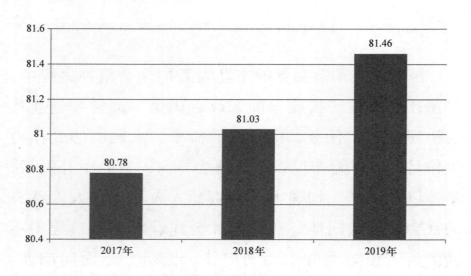

图 3 - 1　昆明市社会治理综合指数得分

　　昆明市社会治理综合指数得分在 2017—2019 年呈稳步上升趋势。以 2017 年为基础进行比较，2018 年社会治理综合指数得分较 2017 年提升了 0.84%，2019 年社会治理综合指数得分较 2017 年提升了 0.84%（见图 3 - 2）。

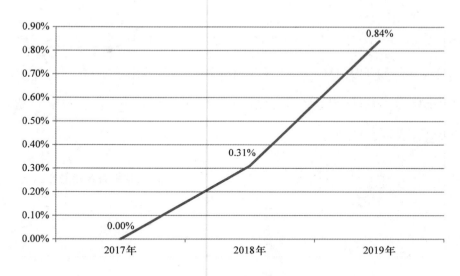

图 3-2 昆明市社会治理综合指数增长率

# 二 昆明市域社会活力分指数各指标变动情况分析（2017—2019 年）

昆明市社会活力分指数，主要通过 4 个层面 12 个指标来体现昆明市 2017—2019 年社会治理的生机活力。

第一个层面：1 个指标，即"人口平均预期寿命（岁）"。

这是一个城市、一个地区经济和社会发展水平的综合标志，人口平均预期寿命高标志着该地区具有可持续发展的活力，如 2018 年日本人均预期寿命已达到 84.2 岁。这反映了日本作为发达国家较高的经济社会发展水平。

昆明市"人口平均预期寿命（岁）"在 2017—2019 年呈逐年小幅增长趋势。2017 年为 78.96 岁，2018 年为 79.01 岁，较 2017 年的 78.96 岁上升了 0.06%，2019 年为 79.41 岁，较 2017 年上升 0.57%（见图 3－3）。

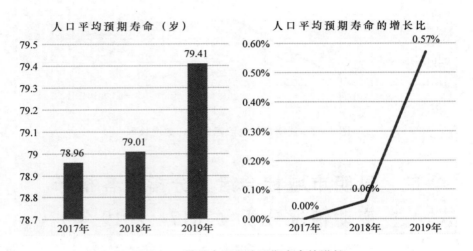

人口平均预期寿命（岁）

人口平均预期寿命的增长比

图 3－3　昆明人口平均预期寿命的增长

第二个层面：2 个指标，分别是"人均地区生产总值（万元）""常住人口城镇化率（%）"，这两个指标是 2020 年新增指标，用以反映该地区的经济发展水平以及城市化水平。

1. 人均地区生产总值（万元）

昆明市"人均地区生产总值（万元）"是新增指标，目前所获得的数据是 2018 年和 2019 年的数据，2018 年为 8.8322 万元，2019 年为 9.3853 万元，增长了 6.26%。

## 2. 常住人口城镇化率（％）

昆明市"常住人口城镇化率（％）"在2017—2019年呈现直线上升的趋势，2017年为72.05％，2018年为72.85％，相比上一年增长了1.11％，2019年为73.6％，相比2017年增长了2.15％（见图3-4），与全国2019年的平均城市化率60.6％相比，要高出13％。

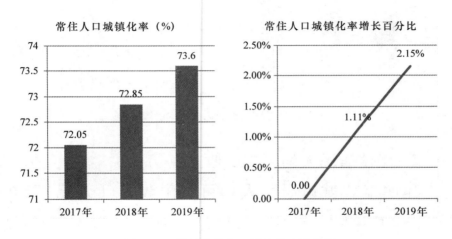

**图3-4　昆明常住人口城镇化率的增长**

第三个层面：3个指标，即"城镇登记失业率（％）""城镇居民人均可支配收入（万元）""农村居民人均可支配收入（万元）"。这三个指标反映一个城市、一个地区经济发展的活力，人民群众所能感受到的实惠、感受到的幸福。

## 1. 城镇登记失业率（％）

昆明市"城镇登记失业率（％）"在2017—2019

年持续上升。2017 年为 3%，2018 年为 3.09%，比 2017 年增长了 3%，2019 年为 3.44%，比 2017 年增长了 4.67%（见图 3 - 5）。

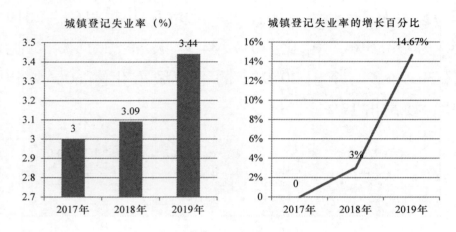

图 3 - 5　昆明城镇登记失业率的增长

2. 城镇居民人均可支配收入（万元）

昆明市"城镇居民人均可支配收入（万元）"在 2017—2019 年呈逐年增长趋势。2017 年为 3.9788 万元，2018 年为 4.2988 万元，较 2017 年增长了 8.04%，2019 年为 4.6289 万元，较 2017 年增长了 16.34%。可以发现，2018 年昆明城镇居民人均可支配收入上升幅度较高，2019 年增速放缓（见图 3 - 6）。

3. 农村居民人均可支配收入（万元）

昆明市"农村居民人均可支配收入（万元）"在 2017—2019 年呈逐年增长趋势。2017 年为 1.3698 万元，2018 年为 1.4895 万元，较 2017 年增长了 8.74%，2019 年为 1.6356 万元，较 2017 年增长了

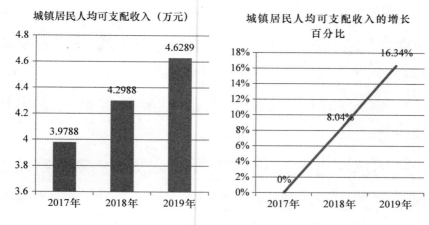

图 3 - 6　昆明城镇居民人均可支配收入的增长

19.40%（见图 3 - 7）。

图 3 - 7　昆明农村居民人均可支配收入的增长

第四个层面：6 个指标，即"财政向社会组织购买服务金额占财政支出比重（％）""每万人口拥有助理社工师及以上社会工作专业人才（人）""每万人拥有社会组织数量（个）""注册志愿者人数占本地常住人口数比例（％）""有志愿服务时间记录的志愿者人数占注册志愿者总人数的比例（％）""每十万人慈善捐款数"。这是一个城市、一个地区的社会发育程度的重要反映。

1. 财政向社会组织购买服务金额占财政支出比重（％）

昆明市"财政向社会组织购买服务金额占财政支出比重（％）"在 2017—2019 年持续上升。2017 年为 0.52％，2018 年为 1.08％，较 2017 年增长了 107.69％，高出 2017 年一倍多，2019 年为 1.22％，较 2017 年增长 134.62％（见图 3－8）。

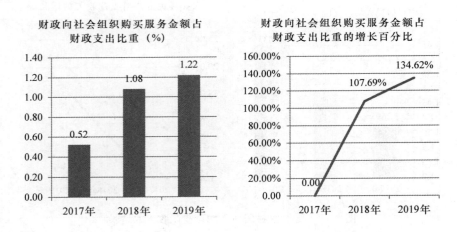

图 3－8　昆明财政向社会组织购买服务金额占财政支出比重的增长

2. 每万人口拥有助理社工师及以上社会工作专业人才（人）

昆明市"每万人口拥有助理社工师及以上社会工作专业人才（人）"在 2017—2019 年呈逐年大幅增长

趋势。2017 年为 1.29 人，2018 年为 1.76 人，较 2017 年大幅增长了 36.43%，2019 年为 3.3 人，较 2017 年大幅增长了 155.81%，逐年上升的速度非常明显，由此可见，昆明市在社会工作专业人才的培训和招募方面做出了较大的努力（见图 3-9）。

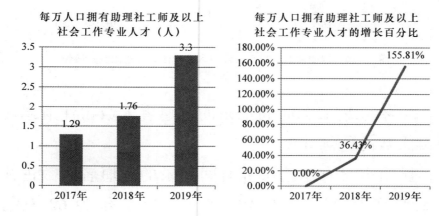

图 3-9　每万人口拥有助理社工师及以上社会工作专业人才的增长

3. 每万人拥有社会组织数量（个）

昆明市"每万人拥有社会组织数量（个）"在 2017—2019 年平稳增长，2017 年、2018 年均为 7.5 个，2019 年为 7.61 个。

4. 注册志愿者人数占本地常住人口数比例（%）

昆明市"注册志愿者人数占本地常住人口数比例（%）"持续上升，2017 年为 13.3%，2018 年达到 14.84%，较 2017 年增长了 11.58%，2019 年为 16.48%，较 2017 年增长了 23.51%（见图 3-10）。

图 3 – 10　昆明注册志愿者人数占本地常住人口数比例的增长

5. 有志愿服务时间记录的志愿者人数占注册志愿者总人数的比例（％）

昆明市"有志愿服务时间记录的志愿者人数占注册志愿者总人数的比例（％）"2017 年为 62.3％，2018 年为 67.2％，较 2017 年增长了 7.87％；2019 年为 68.35％，较 2017 年增长了 9.71％（见图 3 – 11）。

图 3 – 11　昆明有志愿服务时间记录的志愿者人数占注册志愿者总人数的比例的增长

6. 每十万人慈善捐款数（万元）

昆明市"每十万人慈善捐款数（万元）"2019 年为 10595.67 元。

## 三　昆明市域社会服务分指数各指标变动情况分析（2017—2019）

昆明市域社会服务分指数主要通过 6 个层面 20 个指标来体现整个社会服务水平。

第一个层面：2 个指标，即"社会服务事业费占财政地方一般预算支出的比重（％）""保障性住房基本建成面积占住宅竣工面积的比重（％）"，主要从财政支出方面，反映一个城市、一个地区的产业结构，反映对民生的社会服务、社会事业的关注程度，只有不断加大投入才能提高社会服务水平。

1. 社会服务事业费占财政地方一般预算支出的比重（％）

昆明市"社会服务事业费占财政地方一般预算支出的比重（％）"只有 2017 年与 2018 年数据，2017 年为 63.52％，2018 年为 65.87％，较 2017 年增长 3.70％。

2. 保障性住房基本建成面积占住宅竣工面积的比重（％）

昆明市"保障性住房基本建成面积占住宅竣工面

积的比重（％）"只有 2017 年与 2018 年数据，2017
年为 16％，2018 年为 10％，较 2017 年的大幅下降
了 37.5％。

第二个层面：4 个指标，即"文化事业支出占财
政支出比重（％）""文化事业支出（万元）""每万
人拥有群众文化设施建筑面积（平方米）""人均体育
场地面积（平方米）"，主要反映城市的体育和文化事
业发展的基本情况。

1. 文化事业支出占财政支出比重（％）

昆明市"文化事业支出占财政支出比重（％）"
2017 年 为 0.95％，2018 年 为 1.06％，增 长 了
11.58％，2019 年 为 1.1％，较 2017 年 增 长 了
15.79％，增长幅度比较明显（见图 3-12）。

图 3-12　昆明文化事业支出占财政支出比重的增长

## 2. 文化事业支出（万元）

昆明市"文化事业支出（万元）"2017年为74044万元，2018年为80039万元，增长了8.1%，2019年为90538万元，较2017年增长了22.28%（见图3-13）。

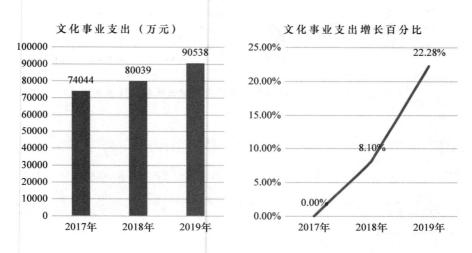

图3-13　昆明文化事业支出的增长

## 3. 每万人拥有群众文化设施建筑面积（平方米）

昆明市"每万人拥有群众文化设施建筑面积（平方米）"在2017—2019年总体呈上升趋势，且2018年增长幅度较为明显。2017年为2223.39平方米，2018年上升到了3060.41平方米，增长幅度为37.65%，2019年为3026.08平方米，比2017年增长了36.10%（图3-14）。

## 4. 人均体育场地面积（平方米）

昆明市"人均体育场地面积（平方米）"在

图 3 - 14　昆明每万人拥有群众文化设施建筑面积的比重的增长

2017—2019 年呈逐年上升趋势。2017 年为 2.06 平方米，2018 年为 2.1 平方米，增长幅度为 1.94%，2019年为 2.23 平方米，较 2017 年上升幅度较为明显，增长了 8.25%（见图 3 - 15）。

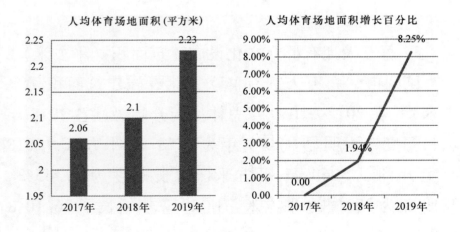

图 3 - 15　昆明人均体育场地面积的增长

第三个层面：5 个指标，即"每千人口医疗卫生机构床位数（张）""每千人拥有执业医师数（人）""每千老年人口养老床位数（张）""每千人配置全科医生人数（人）""医疗卫生与计划生育支出（亿元）"，主要从健康层面，反映一个城市、一个地区社会健康的服务水平。

1. 每千人口医疗卫生机构床位数（张）

昆明市"每千人口医疗卫生机构床位数（张）"在 2017—2019 年呈先上升后略有下降的趋势。2017 年为 8.97 张，2018 年为 9.23 张，较 2017 年上升了 2.90% ，2019 年为 9.22 张，较 2017 年上升了 2.79%（见图 3-16）。

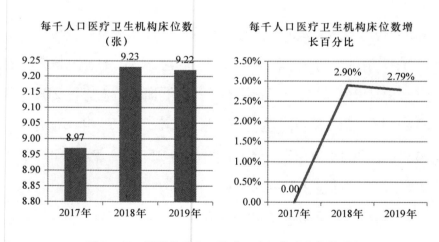

图 3-16　昆明每千人口医疗卫生机构床位数的增长

2. 每千人拥有执业医师数（人）

昆明市"每千人拥有执业医师数（人）"在

2017—2019 年间呈上升趋势，2017 年为 11.2 人，2018 年为 11.59 人，较上一年增长了 3.47%，2019 年为 4.57 人，较 2017 年增长了 13.4%（见图 3 – 17）。

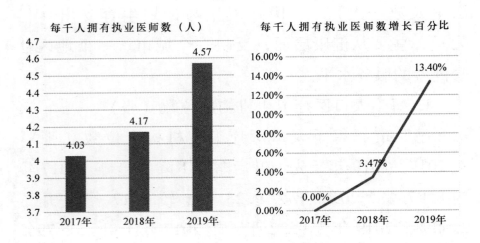

图 3 – 17　昆明每千人拥有执业医师数的增长

**3. 每千老年人口养老床位数（张）**

昆明市"每千老年人口养老床位数（张）"在 2017—2019 年呈先上升后有一定下降的趋势。2017 年为 35 张，2018 年为 39 张，较 2017 年增长了 11.43%，2019 年有一定的下降为 25 张，较 2017 年下降 28.57%（见图 3 – 18）。

**4. 每千人配置全科医生人数（人）**

昆明市"每千人配置全科医生人数（人）"只有 2019 年数据，为 0.247 人。

**5. 医疗卫生与计划生育支出（亿元）**

昆明市"医疗卫生与计划生育支出（亿元）"在

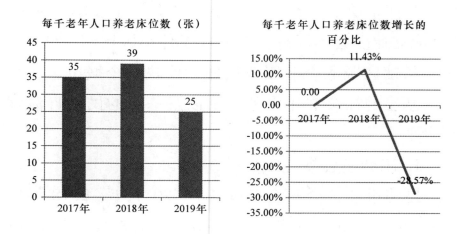

图 3 - 18　昆明每千老年人口养老床位数的增长

2017—2019 年呈逐年增长趋势。2017 年为 56. 82 亿元，2018 年为 62. 47 亿元，较 2017 年增长了 9. 94%，2019 年为 68. 46 亿元，较 2017 年增长了 20. 49%（见图 3 - 19）。

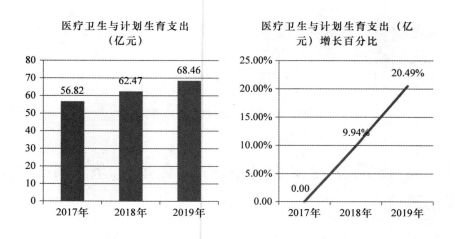

图 3 - 19　昆明医疗卫生与计划生育支出的增长

第四个层面：2 个指标，即"工会建会率（％）""已成立业委会小区占符合成立条件小区比例（％）"，主要从社区服务企业服务层面，反映一个城市、一个地区基层的社会文化服务水平以及基层的民主自治管理水平。

1. 工会建会率（％）

昆明市"工会建会率（％）"2017 年、2018 年均为 98.95％，2019 年略有所下降为 91.87％，比 2017 年降低 7.16％（见图 3 - 20）。

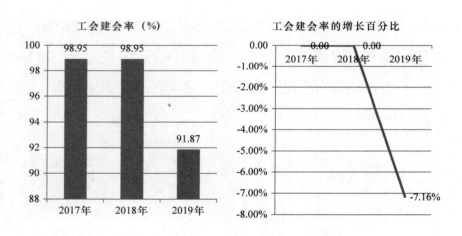

图 3 - 20　昆明工会建会率的增长

2. 已成立业委会小区占符合成立条件小区比例（％）

昆明市"已成立业委会小区占符合成立条件小区比例（％）"只有 2017 年和 2018 年数据，2017 年为 8.8％，2018 年 为 14.47％，较 2017 年 增 长了 64.43%。

第五个层面：3 个指标，即"教育经费支出（亿元）""生均义务教育公用经费支出（元）""高级技能人才占技能劳动者比重（%）"，主要从教育的投入层面，反映一个城市、一个地区社会教育事业的发展水平，同时从高级技能人才占技能劳动者的比重反映一个城市、一个地区社会人才的合理结构及其对该地区产业发展的贡献度。

1. 教育经费支出（亿元）

昆明市"教育经费支出（亿元）"在 2017—2019 年呈逐年增长的趋势。2017 年为 118.17 亿元，2018 年为 130.05 亿元，较 2017 年增长了 10.05%，2019 年为 135.69 亿元，较 2017 年增长了 14.83%（见图 3－21）。

图 3－21　昆明每千人拥有执业医师数的增长

## 2. 生均义务教育公用经费支出（元）

昆明市"生均义务教育公用经费支出（元）"，在2017—2019年呈先下降后上升的趋势。2017年为3182.79元，2018年为2834.41元，下降了10.95%，2019年为3757.88元，上升幅度较为明显，为18.07%（见图3－22）。

图 3 – 22　昆明生均义务教育公用经费支出的增长

## 3. 高级技能人才占技能劳动者比重（%）

昆明市"高级技能人才占技能劳动者比重（%）"在2017—2019年呈下降的趋势。但总体来看，下降的幅度较低。2017年为19.63%，2018年和2019年均为19.42%，较2017年下降了1.07%（见图3－23）。

第六个层面：4个指标，即"实有人口万人报警类110警情数（起）""12348法律援助案件受理数（万件）""'12345'市民服务热线办结率（%）""城

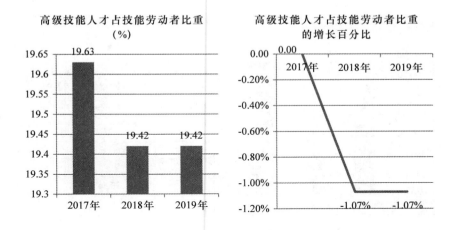

**图 3 - 23　昆明高级技能人才占技能劳动者比重的增长**

市公共交通分担率（％）"，一是反映一个城市、一个地区社会信息化的水平，二是反映整个社会的安全程度，三是反映社会法律援助的力度和成效。

1. 实有人口万人报警类 110 警情数（起）

昆明市"实有人口万人报警类 110 警情数（起）"在 2017—2019 年呈先下降后上升的状态。2017 年为 2056.19 起，2018 年为 1981.02 起，较 2017 年下降了 3.66%；2019 年为 2058.31 起，较 2017 年增长了 0.10%（见图 3 - 24）。

2. 12348 法律援助案件受理数（万件）

昆明市"12348 法律援助案件受理数（万件）"2017 年为 5931 万件，2018 年为 5952 万件，与 2017 年相近；2019 年为 14286 万件，较 2017 年大幅增长了 140.87%（见图 3 - 25）。

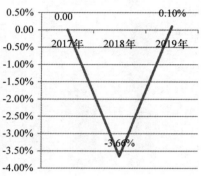

**图 3 – 24　昆明实有人口万人报警类 110 警情数的增长**

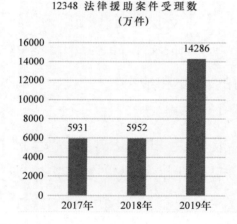

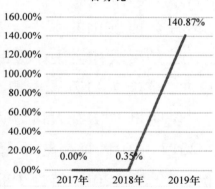

**图 3 – 25　昆明 12348 法律援助案件受理数的增长**

## 3. "12345" 市民服务热线办结率（%）

昆明市 "'12345'市民服务热线办结率（%）"在 2017—2019 年无明显变化幅度，2017 年与 2018 年均为 99%，2019 年为 99.98%，比之前增长了 0.99%（见图 3 – 26）。

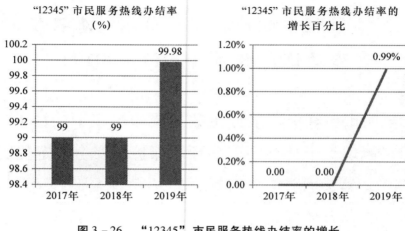

**图3-26　"12345"市民服务热线办结率的增长**

## 4. 城市公共交通分担率（％）

昆明市"城市公共交通分担率（％）"在2017—2019年呈逐年上升的趋势。2017年为40.32％，2018年为41.94％，上升了4.02％，2019年为42.27％，基本与上一年持平，但与2017年相比上升了4.84％（见图3-27）。

**图3-27　昆明城市公共交通分担率的增长**

# 四　昆明市域社会环境分指数各指标
# 变动情况分析（2017—2019）

昆明市域社会环境分指数主要通过 2 个层面 14 个指标来体现整个社会环境的环境保护、安全稳定程度。

第一个层面：8 个指标，即"节能环保支出（亿元）""建成区绿地率（％）""人均公园绿地面积（平方米）""万元地区生产总值能耗下降率（％）""城镇污水集中处理率（％）""生活垃圾无害化处理率（％）""全年空气优良率（％）""城市声环境功能区夜间监测总点次达标率（％）"，主要从对环境保护、绿色节能方面的投入以及成效方面反映一个城市、一个地区良好的社会环境。

1. 节能环保支出（亿元）

昆明市"节能环保支出（亿元）"在 2017—2019 年呈先大幅下降再上升的变化趋势。2017 年为 36.29 亿元，2018 年为 25.39 亿元，较 2017 年下降了 30.04％，2019 年上升为 41.14 亿元，较 2017 年增长了 13.36％（见图 3－28）。

2. 建成区绿地率（％）

昆明市"建成区绿地率（％）"在 2017—2019 年呈上升趋势，总体变化幅度较小。2017 年为 38.65％，

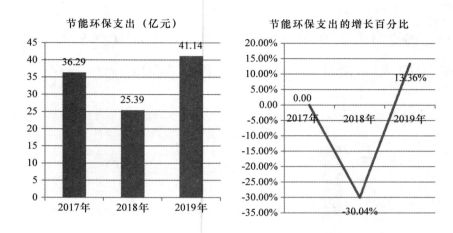

图 3 - 28　昆明节能环保支出的增长

2018 年为 38.68%，基本与上一年持平，2019 年为 38.70%，较 2017 年增长了 0.13%（见图3 - 29）。

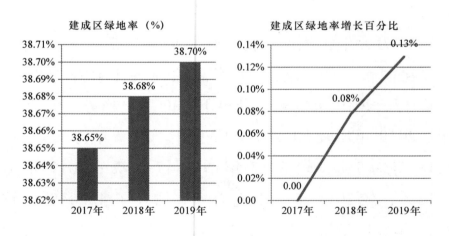

图 3 - 29　昆明建成区绿地率的增长

## 3. 人均公园绿地面积（平方米）

昆明市"人均公园绿地面积（平方米）"在 2017—2019 年呈先上升后下降的趋势，总体变化幅度较小。2017 年为 11.02 平方米，2018 年为 11.35 平方米，较 2017 上升了 2.99%，2019 年为 10.95 平方米，较 2017 年下降了 0.64%（见图 3 - 30）。

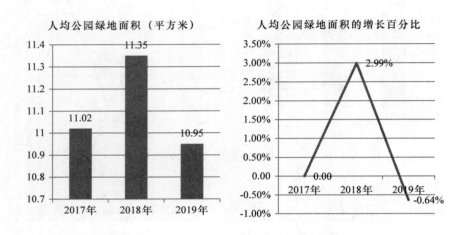

图 3 - 30　昆明人均公园绿地面积的增长

4. 万元地区生产总值能耗下降率（%）

昆明市"万元地区生产总值能耗下降率（%）"在 2017—2019 年呈先上升再下降的变化趋势，但 2018 年、2019 年均较 2017 年有所上升。2017 年为 4.74%，2018 年为 7%，较 2017 年增长 47.68%；2019 年为 6.76%，较 2017 年的能耗下降率增长了 42.62%，较 2018 年有所下降。因此，还需加大节能减排，推进绿色生产，将"万元地区生产总值能耗下降率"保持持续上升的趋势（见图 3 - 31）。

5. 城镇污水集中处理率（%）

昆明市"城镇污水集中处理率（%）"2017 年和

图 3 - 31　昆明万元地区生产总值能耗下降率的增长

2018 年均为 95.06%，2019 年为 95.18%，较 2017 年和 2018 年增长了 0.13%（见图 3 - 32）。

图 3 - 32　昆明万元地区生产总值能耗下降率的增长

## 6. 生活垃圾无害化处理率（％）

昆明市"生活垃圾无害化处理率（％）"在

2017—2019 年保持不变，均为 100%。

7. 全年空气优良率（%）

昆明市"全年空气优良率（%）"在 2017—2019 年呈先上升再下降的变化趋势，但总体看来变化幅度非常小。2017 年全年空气优良率为 98.60%，2018 年为 98.90%，与 2017 年相比增长了 0.30%，2019 年为 98%，与 2017 年相比下降了 0.61%（见图 3 – 33）。

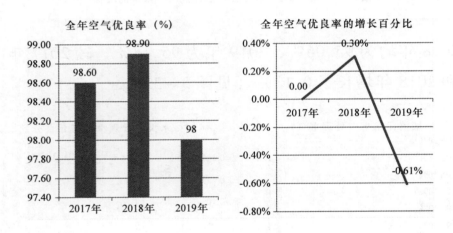

图 3 – 33　昆明全年空气优良率

8. 城市声环境功能区夜间监测总点次达标率（%）

昆明市"城市声环境功能区夜间监测总点次达标率（%）"在 2017—2019 年呈先下降再上升的变化趋势，但 2018 年和 2019 年均低于 2017 年。2017 年为 69.9%，2018 年为 62.5%，与 2017 年相比下降了

10.59%，2019 年为 66.8%，与 2017 年相比下降了 4.43%（见图 3 - 34）。

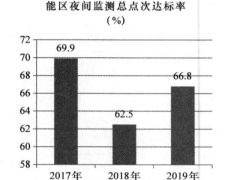

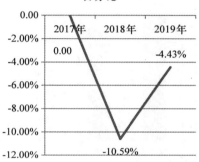

图 3 - 34　昆明城市声环境质量：城市声环境功能区
夜间监测总点次标率的增长

第二个层面：6 个指标，即"亿元国内生产总值生产安全事故死亡率（%）""食品抽检合格率（%）""群众安全感满意度（%）""民间纠纷调解成功率（%）""一般程序交通事故（起）""新增重复信访率（%）"，主要从生产安全、食品安全、出行安全以及人民群众满意度、社会稳定方面反映一个城市、一个地区的社会环境治理成效。

1. 亿元国内生产总值生产安全事故死亡率（%）

昆明市"亿元国内生产总值生产安全事故死亡率（%）"在 2017—2019 年呈逐年下降趋势。2017 年为 0.09%，2018 年为 0.08%，较上一年下降了 11.11%，

2019 年为 0.04%，较 2017 年又下降了 55.56%（见图 3 - 35）。

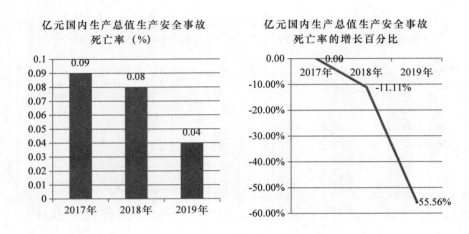

图 3 - 35　昆明亿元国内生产总值生产安全事故死亡率的增长

## 2. 食品抽检合格率（%）

昆明市"食品抽检合格率（%）"在 2017—2019 年呈先下降后上升的变化趋势，其中 2018 年最低，总体三年间差距比较小。2017 年为 97.99%，2018 年为 97.7%，较 2017 年有所下降，2019 年为 98.22%，较 2017 年稳步上升（见图 3 - 36）。

## 3. 群众安全感满意度（%）

昆明市"群众安全感满意度（%）"在 2017—2019 年呈逐年上升的变化趋势，2018 年和 2019 年差距较小，但均高于 2017 年。2017 年为 85.00%，2018 年为 91.62%，增长了 7.79%，2019 年为 94.09%，较 2017 年增长了 10.69%（见图 3 - 37）。

图 3 – 36　昆明食品抽检合格率的增长

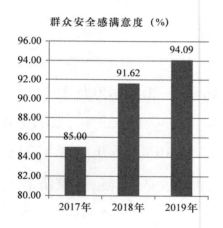

图 3 – 37　昆明群众安全感满意度的增长

## 4. 民间纠纷调解成功率（%）

昆明市"民间纠纷调解成功率（%）"在 2017—2019 年呈下降趋势，但总体来看下降的幅度细微。2017 年为 99.56%，2018 年为 99.51%，较 2017 年小幅下降，2019 年为 99.37%，较 2017 年减少 0.19%（见图 3 –38）。

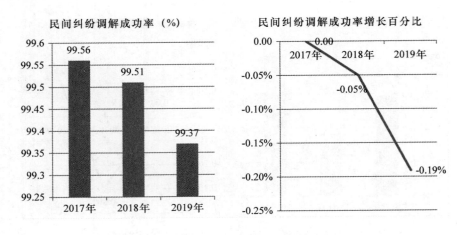

图 3 - 38　昆明民间纠纷调解成功率的增长

## 5. 一般程序交通事故（起）

昆明市"一般程序交通事故（起）"在 2017—2019 年呈先上升后下降的趋势。2017 年为 1514 起，2018 年为 1675 起，较上一年上升了 10.63%。2019 年为 1641 起，较 2017 年上升了 8.39%（见图 3 - 39）。交通事故指数的上升，一方面，反映了随着经济社会

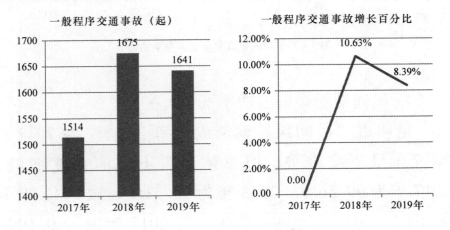

图 3 - 39　昆明一般程序交通事故的增长

发展，城市居民汽车拥有量的逐年增加，路上的车流量随之增加，但道路基础设施建设与车流量如果不成正比的话，容易导致交通事故频发；另一方面，对不遵守交通规则的闯红灯、乱停车等行为执法不严、处罚力度不够，也会导致交通事故的增加。

6. 新增重复信访率（％）

昆明市"新增重复信访率（％）"在 2017—2019 年呈先上升后下降趋势，2019 年有大幅下降。2017 年为 20％，2018 年为 22％，较 2017 年小幅上升，2019 年为 − 0.76％，较 2017 年下降了 103.8％（见图 3 − 40）。这一指标数据的下降，也从一个侧面反映了社会的和谐，反映了昆明在探索推广"最多访一次"，让群众少跑腿，让数据多跑路，以最快速度及时回应诉求，努力实现一次性化解矛盾的成效。

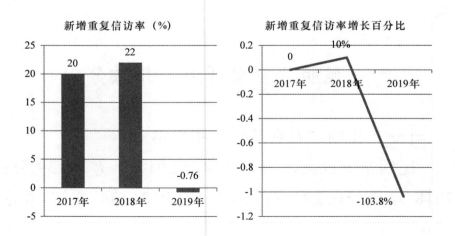

图 3 − 40　昆明新增重复信访率的增长

# 第四章　昆明市域社会治理分指数分析

昆明市域社会治理综合指数下设"社会活力""社会服务""社会环境"三大分指数。在分析了昆明市域社会治理综合指数之后，本章进一步分析三大分指数，并对 46 个指标中的部分核心指标，做一些深入比较分析，从中可窥见昆明市域社会治理现代化的水平。

## 一　昆明"社会活力"指数分析

### （一）昆明"社会活力"指数得分

昆明市域社会活力指数得分 2017 年为 79.39 分；2018 年为 80.23 分；2019 年为 81.94 分（详见图 4 – 1）。

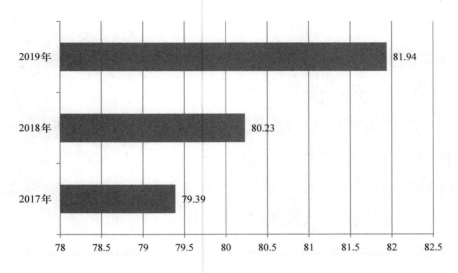

图 4 - 1　2017—2019 年昆明市社会活力指数得分

## （二）昆明"社会活力"进步指数

2018 年，昆明的"社会活力"进步指数相对于 2017 年，进步了 1.06%；2019 年，昆明的"社会活力"进步指数相对于 2017 年，进步了 3.22%（详见图 4 - 2）。

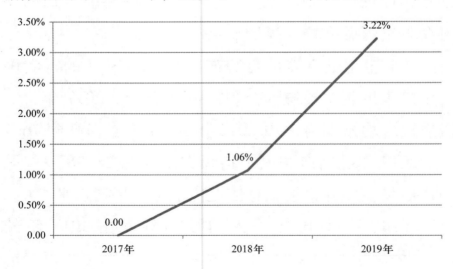

图 4 - 2　2017—2019 年昆明市"社会活力"进步指数

### （三）昆明"社会活力"指数的若干核心指标分析

#### 1. 居民平均预期寿命（岁）

昆明市居民平均预期寿命，指 0 岁组的预期寿命，表示在各年龄组死亡率保持现有水平不变的情况下，同时出生的一代人一生可存活的年数。平均预期寿命是衡量人口健康状况的重要指标之一，也是衡量一个国家或地区经济社会发展水平的综合指标。在人口素质评价与预测、疾病负担测量以及国家经济与居民生活质量评价中，预期寿命等指标都是最基础的研究内容之一。第三章对昆明居民平均预期寿命做了阐释，2017 年昆明市居民平均预期寿命为 78.96 岁；2018 年为 79.01 岁；2019 年为 79.41 岁。2017—2019 年，呈现小幅度增长趋势。这里，再将昆明居民的平均预期寿命与全国做比较（见图 4-3）。

国家卫生健康委员会发布 2017—2019 年的《我国卫生健康事业发展统计公报》报告显示，2017 年，我国居民人均预期寿命由 2016 年的 76.5 岁提高到 76.7 岁。2017 年昆明市居民平均预期寿命为 78.96 岁，昆明市居民主要健康指标总体上优于国家平均水平。

2018 年，我国居民人均预期寿命由 2017 年的 76.7 岁提高到 2018 年的 77.0 岁。2018 年昆明市居民平均预期寿命为 79.01 岁。

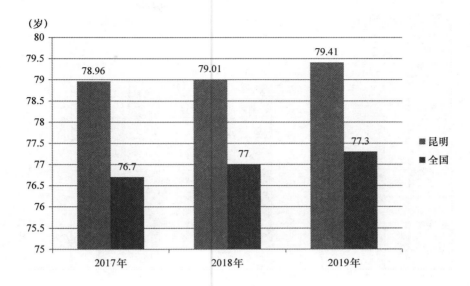

图 4 - 3　2017—2019 年昆明与全国居民人均预期寿命的比较

2019 年我国居民人均预期寿命由 2018 年的 77.0 岁提高到 2019 年的 77.3 岁，2019 年昆明市居民平均预期寿命为 79.41 岁，高出全国人均预期寿命 2.11 岁。

2. 常住人口城镇化率（％）

根据《国家新型城镇化规划（2014—2020 年）》设定的目标，到 2020 年，我国常住人口城镇化率达到 60％左右，户籍人口城镇化率达到 45％左右，户籍人口城镇化率与常住人口城镇化率差距缩小 2 个百分点左右，努力实现 1 亿左右农业转移人口和其他常住人口在城镇落户。

第三章已说明，昆明市"常住人口城镇化率（％）"在 2017—2019 年呈直线上升的趋势。这里进一步与全国的城镇化率做一个比较（见图4-4）。

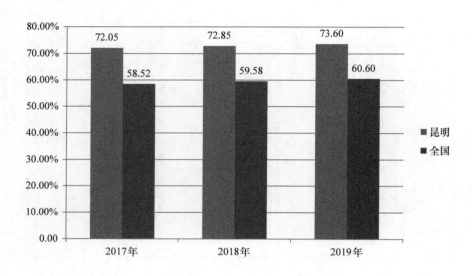

图4-4　2017—2019年昆明与全国常住人口城镇化率的比较

《中华人民共和国2017年国民经济和社会发展统计公报》显示，2017年年末全国大陆总人口139008万人，比上年末增加737万人，其中城镇常住人口81347万人，常住人口平均城镇化率为58.52%，比上年末提高1.17个百分点。昆明市2017年"城市常住人口城镇化率"为72.05%，比全国高出13.53个百分点。这说明昆明的城镇化率已达到了较高的水平。

国家统计局公布的数据显示，2018年年末全国常住人口城镇化率为59.58%，比上一年提升1.06个百分点。根据地方统计部门公布的数据梳理发现，31个省（自治区、直辖市）中，有14个省份超过59.58%的国家平均水平，有10个省份在55%以下。昆明市

2018 年"城市常住人口城镇化率"为 72.85%，高于全国平均常住人口城镇化率 13.27 个百分点。显然，昆明市的城镇化每年都有增长。

2019 年国民经济和社会发展统计公报显示，2019 年年末全国大陆总人口 140005 万人，比上年末增加 467 万人，其中城镇常住人口 84843 万人，全国常住人口平均城镇化率为 60.60%，比上年末提高 1.02 个百分点。昆明市 2019 年"城市常住人口城镇化率"为 73.6%，昆明市城镇化质量和水平均稳步提升，城镇空间格局不断优化，城镇规划、建设和管理水平不断提高，城镇化体制机制不断完善，城乡面貌焕然一新。

昆明的常住人口城镇化率虽然已高于全国 13.27 个百分点，但是，一方面，从农村来的一部分人虽然已居住在城市里，但并没有很好融入。要推动这部分人特别是大部分农民工真正融入城市，分享城市发展的成果。另一方面，还要提升城市居民的生活质量。随着城市的快速发展，一些"城市病"凸显，比如交通拥堵、高房价、环境污染等，一些生活在城市中的中低收入水平群体谋生还比较艰难。此外，城市土地利用还不够科学、城市风貌和城市特色体现还不足，对历史文化的保护还不够等问题，也都需要在城镇化的推进过程中努力解决。

### 3. 昆明市城镇登记失业率（%）

失业率是评价一个国家或地区就业状况的重要指标。国际上运用的失业率概念是指失业人数同从业人数与失业人数之和的比例，反映了一定时期内可以参加社会劳动的人数中实际失业人数所占的比重。

城镇登记失业率是中国特有的失业统计指标，它是指在报告期末城镇登记事业人数占期末城镇从业人员总数与期末实有城镇登记失业人数之和的比重。

根据《中国统计年鉴》的统计，2017—2019 年，全国的"城镇登记失业率"平均值 2017 年为 3.9%，2018 年为 3.8%，2019 年为 3.6%；昆明 2017 年的"城镇登记失业率"为 3%，比全国低 0.9%；2018 年为 3.09%，比全国低 0.71%；2019 年为 3.44%，比全国低 0.16%（见图 4-5）。昆明的城镇登记失业率低于全国平均水平，反映了昆明就业形势的总体稳定、总体向好。

### 4. 城镇居民人均可支配收入（万元）

人均可支配收入在实际生活中，常用来代指人均居民可支配收入。严格来说，居民可支配收入是居民可用于最终消费支出和储蓄的总和，即居民可用于自由支配的收入。既包括现金收入，也包括实物收入。按照收入的来源，可支配收入包含四项：工资性收入、经营性净收入、财政性净收入和转移性净收入。

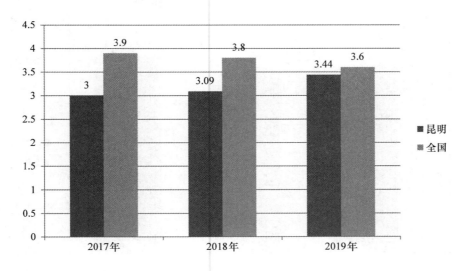

图 4 - 5　2017—2019 昆明与全国登记失业率（%）的比较

（1）昆明与全国的比较

2017—2019 年，全国城镇居民人均可支配收入的平均值分别为 3.63962 万元、3.92508 万元、4.23588 万元；昆明的城镇居民人均可支配收入分别为 3.9788 万元、4.2988 万元、4.6289 万元。2017—2019 年昆明的城镇居民人均可支配收入比全国平均值分别高出 0.33918 万元、0.37372 万元、0.39302 万元（见图 4 -6）。昆明的城镇居民人均可支配收入 2018 年比 2017 年增长 0.32 万元；2019 年比 2017 年增长 0.6501 万元；年均增长率为 7.86%。

（2）昆明与 27 个省会城市比较

昆明市 2017 年"城镇居民人均可支配收入"3.9788 万元，27 个省会城市的平均值 3.8691 万元，

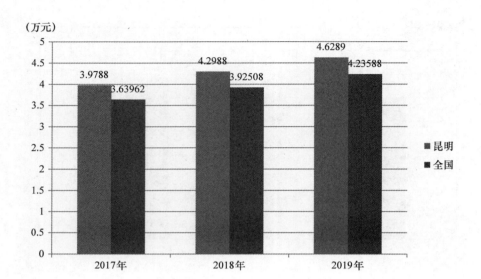

图 4 - 6　2017—2019 昆明与全国城镇居民人均可支配收入的比较

昆明市较 27 个省会城市平均值高出 0.1097 万元，在 27 个省会城市中排名第 9（见图 4 - 7）。

（3）昆明与成都、南宁、重庆、贵阳的比较

昆明市 2017 年"城镇居民人均可支配收入" 3.9788 万元，领先于贵阳、成都、南宁，较成都高出 0.087 万元，较南宁、重庆、贵阳则分别高出 0.6571 万元、0.7595 万元、0.7602 万元（见图 4 - 8）。

昆明市 2018 年"城镇居民人均可支配收入" 4.2988 万元，较成都高出 0.086 万元，较南宁、贵阳、重庆则分别高出 0.7712 万元、0.7873 万元、0.8099 万元（见图 4 - 9）。

2019 年，昆明市"城镇居民人均可支配收入" 4.6289 万元，较成都、贵阳、重庆、南宁分别高出

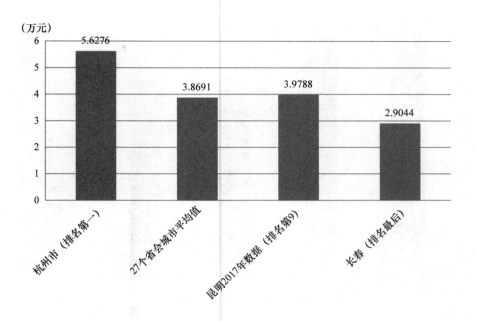

图 4-7 2017 年昆明与 27 个省会城市城镇居民人均可支配收入比较

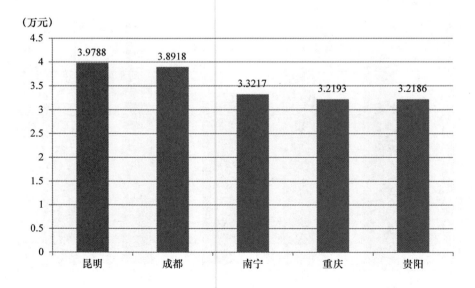

图 4-8 2017 年昆明与成都、南宁、重庆、贵阳城镇居民人均

可支配收入的比较

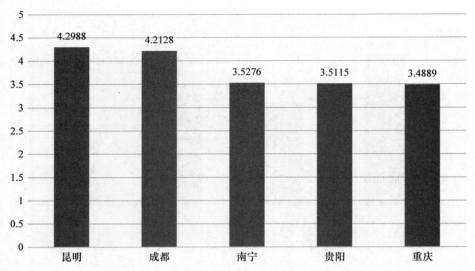

图 4 - 9　2018 年昆明与成都、南宁、重庆、贵阳城镇居民

人均可支配收入（万元）的比较

0.0411 万元、0.8049 万元、0.835 万元和 0.8614 万元

（见图 4 - 10）。

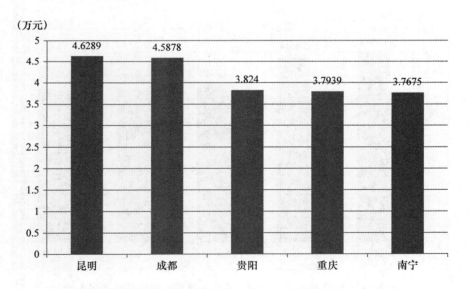

图 4 - 10　2019 年昆明与成都、南宁、重庆、贵阳城镇居民人均

可支配收入的比较

值得关注的是，2017 年昆明五个主城区城镇常住居民人均支配收入首次突破 4 万元大关，收入水平跃上新的台阶。2017 年，昆明市城镇和农村常住居民人均可支配收入绝对值分别比全省平均水平高 8792 元与 3836 元，城镇和农村常住居民人均可支配收入绝对值继续领跑全省。2018 年昆明城镇居民人均可支配收入为 4.2988 万元，同比增长 8.0%。

2019 年，面对国内外风险挑战明显上升的复杂形势，昆明市坚持以习近平新时代中国特色社会主义思想为指导，全面贯彻党的十九大和十九届二中、三中、四中全会精神，坚持稳中求进工作总基调，践行新发展理念，推动高质量发展，以供给侧结构性改革为主线，持续打好三大攻坚战，统筹推进稳增长、促改革、调结构、惠民生、防风险、保稳定各项工作，全市经济运行总体平稳，发展质量稳步提升，民生福祉不断改善。全市地区生产总值达 6475.9 亿元，一般公共预算收入达 630 亿元，社会消费品零售总额达 3056.6 亿元，城镇居民人均可支配收入达 4.6289 万元，增长 0.65 万元。

5. 农村居民人均可支配收入（万元）

农村居民可支配收入是指农村住户获得的经过初次分配与再分配后的收入。可支配收入可用于住户的最终消费、非义务性支出以及储蓄。计算方法：农村住户可支配收入＝农村住户总收入－家庭经营费用支出－税费支出－生产性固定资产折旧－财产性支出－转移性支出－调查补贴。

（1）昆明与全国的比较

2017—2019 年，昆明农村居民人均可支配收入分别为：1.3698 万元、1.4895 万元、1.6356 万元；与全国农村居民人均可支配收入的平均值比较，2017 年高出 0.02656 万元、2018 年高出 0.0278 万元、2019 年高出 0.03353 万元（见图 4－11）。

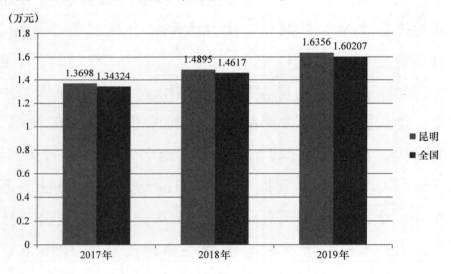

图 4－11　2017—2019 年昆明与全国农村居民人均

可支配收入的比较

（2）昆明与 27 个省会城市的比较

昆明市 2017 年"农村居民人均可支配收入"1.3698 万元，27 个省会城市的平均值 1.7186 万元，昆明市较省会城市平均值低 0.3488 万元，在 27 个省会城市中排名第 17（见图 4 - 12）。

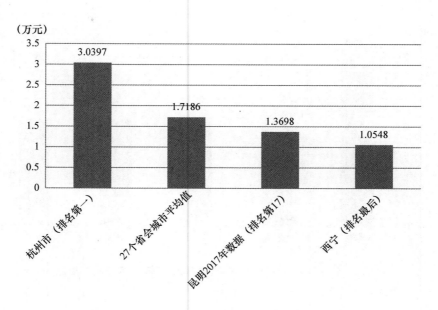

（万元）

图 4 - 12　昆明与 27 个省会城市农村居民人均

可支配收入的比较

（3）昆明与成都、贵阳、重庆、南宁的比较

昆明市 2017 年"农村居民人均可支配收入"1.3698 万元，落后于成都、贵阳，但高于重庆、南宁，较成都低了 0.66 万元（见图 4 - 13）。

昆明市 2018 年"农村居民人均可支配收入"1.4895 万元，落后于成都、贵阳，较成都低了 0.724 万元；但高于重庆、南宁（见图 4 - 14）。

昆明市 2019 年"农村居民人均可支配收入"1.6356 万元，落后于成都、贵阳，但高于重庆、南宁，较成都低 0.8001 万元（见图 4 - 15）。

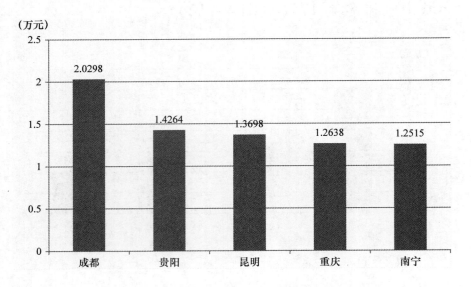

图 4 – 13 　2017 年昆明与成都、贵阳、重庆、南宁农村居民
可支配收入的比较

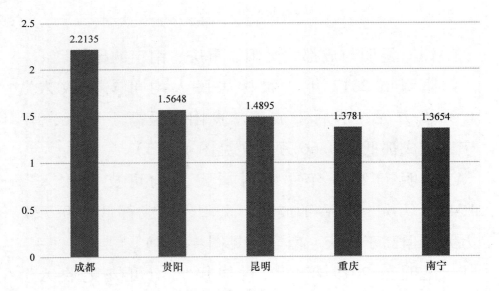

图 4 – 14 　2018 年昆明与成都、贵阳、重庆、南宁农村
居民可支配收入（万元）的比较

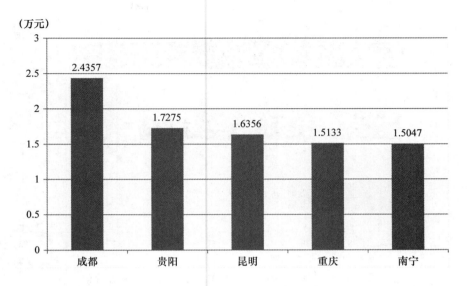

图 4 – 15　2019 年昆明与成都、贵阳、重庆、南宁农村居民
可支配收入的比较

## 二　昆明"社会服务"指数分析

### （一）昆明"社会服务"指数得分

昆明市域社会服务指数得分 2017 年为 79.37 分；2018 年为 82.53 分；2019 年为 83.95 分（见图 4 – 16）。

### （二）昆明"社会服务"进步指数

2018 年，昆明的"社会服务"指数相对 2017 年进步了 3.98%；2019 年相对 2017 年进步了 5.76%（见图 4 – 17）。

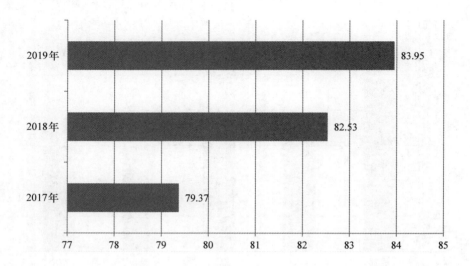

图 4 - 16　2017—2019 年昆明市"社会服务"指数得分

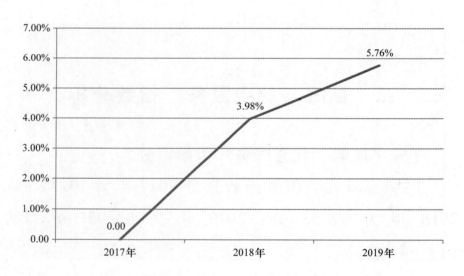

图 4 - 17　2017—2019 年昆明市社会服务进步指数

## （三）昆明"社会服务"指数的若干核心指标分析

1. 文化事业支出占财政支出比重（％）

2017—2019 年，昆明的"文化事业支出占财政支出比重"分别为 0.95%、1.06%、1.1%；与全国"文化事业支出占财政支出比重"的平均值比较，2017 年高出 0.53%，2018 年高出 0.64%，2019 年高出 0.65%（见图 4 - 18）。

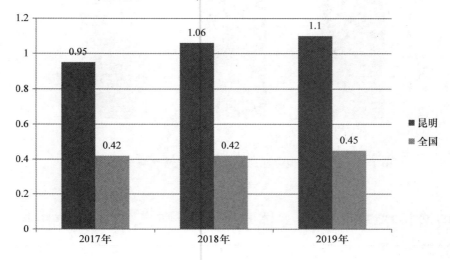

图 4 - 18　2017—2019 年昆明与全国文化事业支出
占财政支出比重的比较

昆明在文化事业支出占财政支出比重方面，在全国相对领先，反映了昆明近年加大惠及民生、满足人民日益增长的文化需求方面的投入增长。

2. 人均体育场地面积（平方米）

2017—2019 年，昆明的"人均体育场地面积"分别为 2.06 平方米、2.1 平方米、2.23 平方米，与全国"人均体育场地面积"的平均值比较，分别高出 0.4 平方米、0.24 平方米、0.15 平方米（见图 4 - 19）。

2017—2019 年，昆明的"人均体育场地面积"平

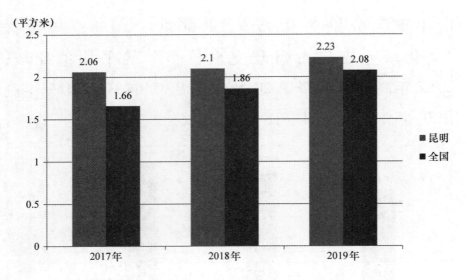

图 4 - 19　2017—2019 年昆明与全国人均体育场地面积的比较

均增长率为 4.04%，体现了昆明在落实"健康中国"战略，不断提高昆明市民健康素质方面的投入力度。

3. 每千人口医疗卫生机构床位数（张）

2017—2019 年，昆明的"每千人口医疗卫生机构床位数"分别为 8.97 张、9.23 张、9.22 张，与全国"每千人口医疗卫生机构床位数"的平均值比较，分别高出 3.25 张、3.2 张、2.92 张（见图 4 - 20）。

再与北京、上海、天津比较，2018 年，昆明的每千人口医疗卫生机构床位数 9.23 张，分别比北京的 8.63 张高出 0.6 张，比上海的 9.72 张低了 0.49 张，比天津的 6.20 张高出 3.03 张（见图 4 - 21）。

医疗卫生机构床位数不仅说明了一个城市的医疗卫生资源，而且反映了一个城市一旦面临各种突如其

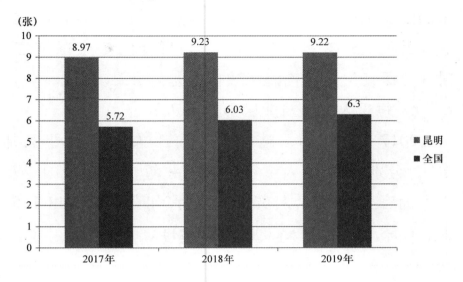

图 4 - 20　2017—2019 年昆明与全国每千人口医疗卫生机构
床位数的比较

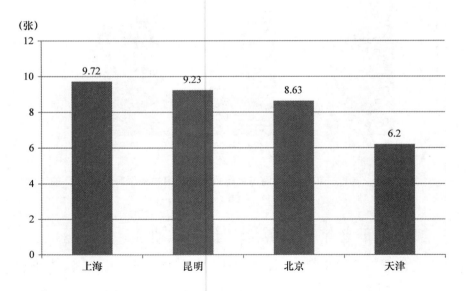

图 4 - 21　2018 年昆明与上海、北京、天津每千人口医疗卫生机构
床位数的比较

来的疫情冲击，医疗卫生机构能提供的"应收尽收"病人的能力，在外防输入、内防反弹的"全球抗疫"时代，医疗卫生机构病床数指标尤为重要。

4. 每千人拥有执业医师数（人）

2017—2019 年，昆明的"每千人拥有执业医师数"，分别为 4.03 人、4.17 人、4.57 人，比全国"每千人拥有卫生技术人员数"的平均值分别高出 1.57人、1.58 人、1.8 人（见图 4 – 22）。

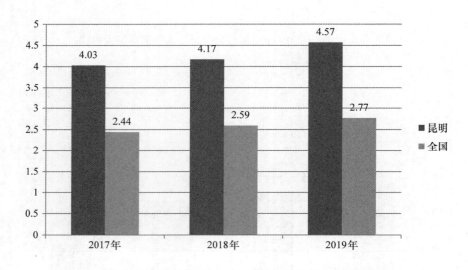

图 4 – 22　2017—2019 年昆明与全国每千人拥有执业医师数（人）的比

5. 每千老年人口养老床位数（张）

2017—2019 年，昆明的"每千老年人口养老床位数"分别为 35 张、39 张、25 张，比全国"每千老年人口养老床位数"的平均值分别高出 4.08 张、9.85张，2019 年比全国的平均值低了 4.5 张（见

图 4 - 23）。

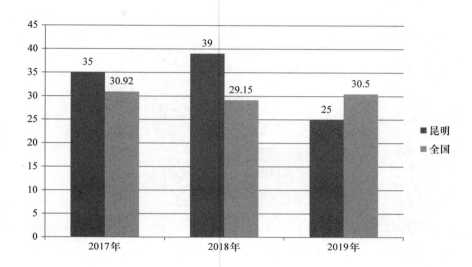

图 4 - 23　2017—2019 年昆明和全国每千老年人口养老床位数（张）的比较

6. 每千人配置全科医生人数（人）

2019 年，昆明的"每千人配置全科医生人数"为 0.247 人，比全国"每千人配置全科医生人数"的平均值低了 0.014 人（见图 4 - 24）。

7. 教育经费支出（亿元）

（1）昆明与 27 个省会城市比较

昆明市 2017 年"教育经费支出"为 118.17 亿元，27 个省会城市的平均值 138.94 亿元，昆明市较 27 个省会城市平均值低 20.77 亿元，在 27 个省会城市中排名第 15（见图 4 - 25）。

昆明市 2018 年"教育经费支出"为 130.05 亿元，27 个省会城市的平均值 151.95 亿元，昆明市较 27 个

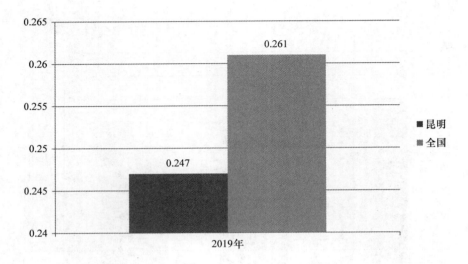

图 4 - 24　2019 年昆明和全国每千人配置全科医生人数（人）的比较

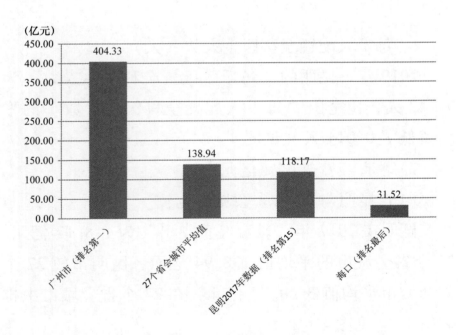

图 4 - 25　2017 年昆明与 27 个省会城市教育经费支出的比较

省会城市平均值低 21.90 亿元，在 27 个省会城市中排名第 13（见图 4-26）。

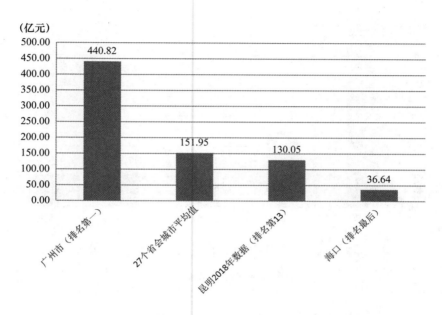

图 4-26　2018 年昆明与 27 个省会城市教育经费支出的比较

（2）昆明与重庆、成都、贵阳、南宁比较

昆明市 2017 年"教育经费支出"为 118.17 亿元，落后于重庆、成都，但高于贵阳、南宁，较重庆低了 508.1303 亿元（见图 4-27）。

昆明市 2018 年"教育经费支出"为 130.05 亿元，落后于重庆、成都，但高于贵阳、南宁，较重庆低了 550.9442 亿元（见图 4-28）。

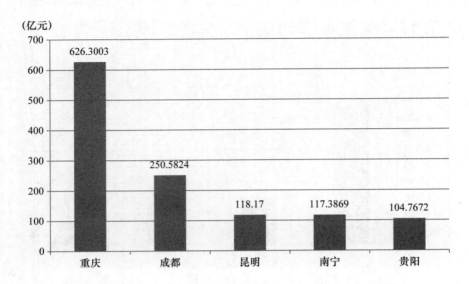

图 4 - 27　2017 年昆明与重庆、成都、贵阳、南宁

教育经费支出的比较

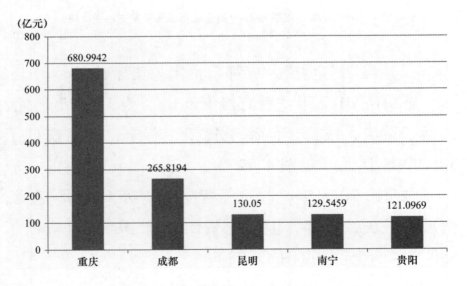

图 4 - 28　2018 年昆明与重庆、成都、贵阳、南宁

教育经费支出的比较

# 三　昆明"社会环境"指数分析

## （一）昆明"社会环境"指数得分

昆明市域社会环境指数得分 2017 年为 79.84 分；2018 年为 80.08 分；2019 年为 80.18 分（见图 4 - 29）。

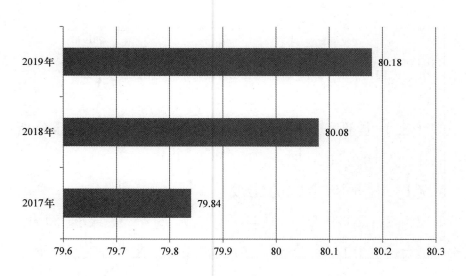

图 4 - 29　2017—2019 年昆明市域社会环境指数得分

## （二）昆明"社会环境"指数进步指数

2018 年，昆明的"社会环境"指数相对 2017 年进步了 0.31%；2019 年相对 2017 年进步了 0.43%（见图 4 - 30）。

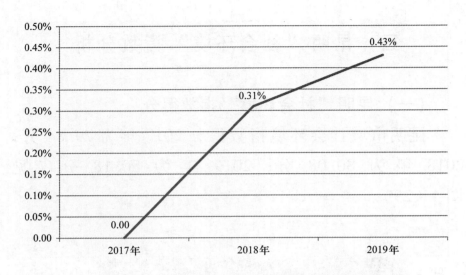

图 4 – 30 2017—2019 年昆明市域社会环境指数进步指数

## （三）昆明"社会环境"指数的若干核心指标分析

1. 人均公园绿地面积（平方米）

（1）昆明与全国的比较

2017—2019 年，昆明的"人均公园绿地面积"分别为 11.02 平方米、11.35 平方米、10.95 平方米，与全国"人均公园绿地面积"的平均值比较分别低了 2.98 平方米、2.57 平方米、3.45 平方米（见图 4 – 31）。

显然，昆明市的"人均公园绿地面积"是个短板，连续 3 年低于全国的平均水平。而且，2019 年的差距还进一步扩大，比 2018 年又拉大了 0.88 平方米。

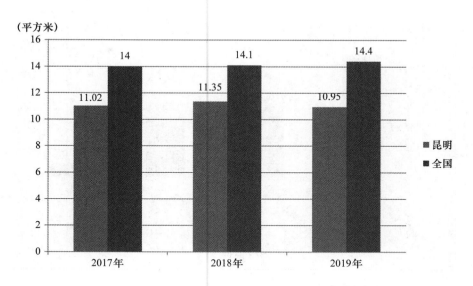

图 4 - 31　2017—2019 年昆明与全国人均公园绿地面积的比较

（2）昆明与 27 个省会城市的比较

昆明市 2017 年"人均公园绿地面积"11.02 平方米，27 个省会城市的平均值 13.03 平方米，昆明市较省会城市平均值低 2.01 平方米，在 27 个省会城市中排名第 22（见图 4 - 32）。

（3）昆明与重庆、成都、贵阳、南宁比较

昆明市 2017 年"人均公园绿地面积"11.02 平方米，低于贵阳、重庆、成都、南宁，较贵阳低了 6.68 平方米（见图 4 - 33）。

2. 城镇污水集中处理率（%）

（1）昆明与全国的比较

2017—2019 年，昆明的"城镇污水集中处理率"

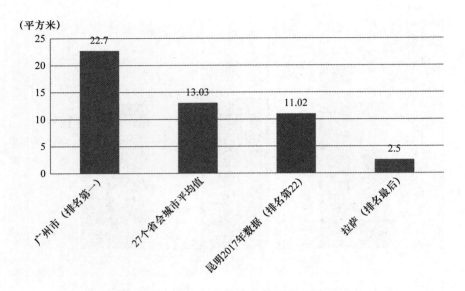

图4-32　昆明与27个省会城市人均公园绿地面积的比较

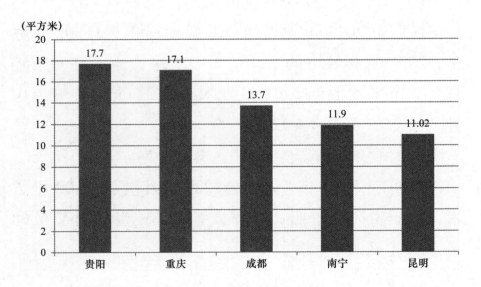

图4-33　昆明与重庆、成都、贵阳、南宁人均

公园绿地面积的比较

分别为 95.06%、95.06%、95.18%，与全国"城镇污水集中处理率"的平均值 92%、93.4%、96.8% 比较，2017 年与 2018 年分别高出 3.06%、1.66%，而 2019 年比全国低 1.62%（见图 4-34）。

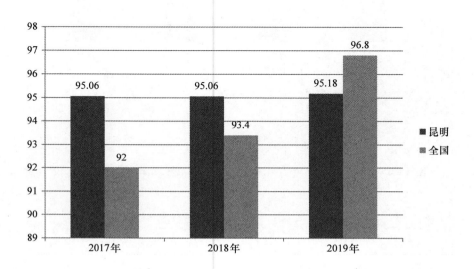

图 4-34　2017—2018 年昆明与全国的城镇污水集中处理率（%）比较

（2）昆明与 27 个省会城市的比较

昆明市 2017 年"城镇污水集中处理率"为 95.06%，27 个省会城市的平均值 94.50%，昆明市较省会城市平均值高出 0.56%，在 27 个省会城市中排名第 15（见图 4-35）。

（3）昆明与重庆、成都、贵阳、南宁的比较

昆明市 2017—2018 年"城镇污水集中处理率"均为 95.06%，2017 年分别落后于贵阳 2.74%、落后于南宁 1.82%、落后于重庆 0.42%，但高于成都 0.37%

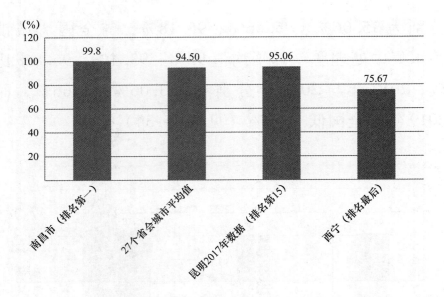

图 4 - 35　2017 年昆明与 27 个省会城市的城镇污水集中处理率的比较

（见图 4 - 36）。

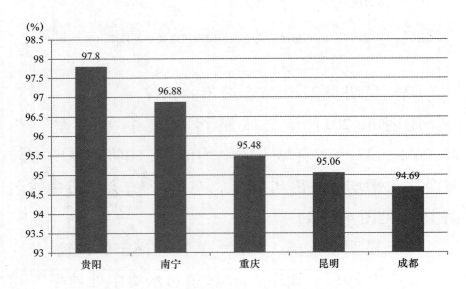

图 4 - 36　2017 年昆明与重庆、成都、贵阳、南宁城镇污水

集中处理率的比较

### 3. 生活垃圾无害化处理率（%）

2017—2019 年，昆明的"生活垃圾无害化处理率"均为 100%；与全国"生活垃圾无害化处理率"平均值比较，分别高了 2.3%、1%、0.8%（见图 4 – 37）。

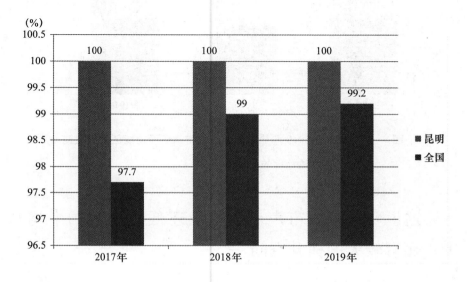

图 4 – 37　2017—2019 年昆明与全国生活垃圾无害化处理率的比较

### 4. 城市声环境功能区夜间监测总点次达标率（%）

2017—2019 年，昆明"城市声环境质量：城市声环境功能区夜间监测总点次达标率"分别为 69.9%、62.5%、66.8%，与全国"城市声环境功能区夜间监测总点次达标率"的平均值比较，分别低了 4.1%、11%、7.6%（见图 4 – 38）。

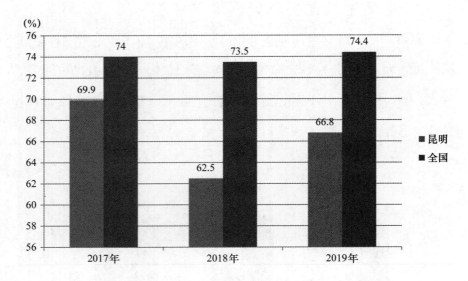

图 4 – 38　2017—2019 年昆明与全国城市声环境功能区夜间监测
总点次达标率的比较

这说明昆明城市声环境质量还低于全国的平均水平，还有较大的提升空间。

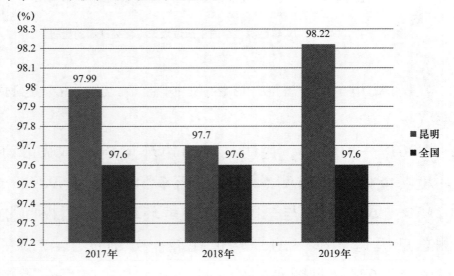

图 4 – 39　2017—2019 年昆明与全国食品监测抽检合格率的比较

5. 食品监测抽检合格率（%）

2017—2019 年，昆明的"食品监测抽检合格率"分别为 97.99%、97.7%、98.22%，与全国"食品监测抽检合格率"平均值比较，分别高出 0.39%、0.1%、0.62%（见图 4 – 39）。

# 第五章　昆明县域社会治理指数

根据评价县域社会治理现代化实践的指数体系，本章着重分析 2019 年昆明县域社会治理综合指数，以及社会活力、社会服务、社会环境三类分指数的得分和排序。

## 一　昆明县域社会治理综合指数

### （一）昆明社会治理综合指数得分和排序

根据昆明 16 个县（市）区、开发（度假）区提供的 2019 年评价县域社会治理现代化水平的 21 个指标，通过主成分数学建模，计算昆明县域社会治理的综合指数得分，以及 16 个县（市）区、开发（度假）区社会治理综合指数得分及其排序。

2019 年昆明县域社会治理现代化实践的水平还较低，综合指数得分为 76.65 分，还未达到 80 分的水平。

2019 年，昆明 16 个县（市）区、开发（度假）区的社会治理综合指数得分排名如下：排名第一的五华区，得分 90.47 分；排名最后的东川区，得分 69.62 分（见表 5－1、图 5－1）。第一名五华区和最后一名东川区相差 20.85 分。

表 5－1　　昆明 16 个县（市）区、开发（度假）区社会治理

综合指数得分和排名　　　　　　（单位：分）

| 排名 | 昆明下辖县（市）区 | 2019 年社会治理综合指数得分 | 2019 年社会治理综合指数百分制得分 |
|------|------|------|------|
| 1 | 五华区 | 23.01294086 | 90.47 |
| 2 | 官渡区 | 20.14128705 | 84.64 |
| 3 | 西山区 | 19.26925720 | 82.78 |
| 4 | 盘龙区 | 18.98355161 | 82.17 |
| 5 | 呈贡区 | 17.37743863 | 78.62 |
| 6 | 安宁市 | 17.22132999 | 78.26 |
| 7 | 宜良县 | 15.94666898 | 75.31 |
| 8 | 经开区 | 15.79312874 | 74.95 |
| 9 | 晋宁区 | 15.51226070 | 74.28 |
| 10 | 石林县 | 15.26967470 | 73.69 |
| 11 | 嵩明县 | 15.02028505 | 73.09 |
| 12 | 富民县 | 14.78195441 | 72.51 |
| 13 | 禄劝县 | 14.35477165 | 71.45 |
| 14 | 寻甸县 | 14.10156267 | 70.82 |
| 15 | 阳宗海风景区 | 13.90963377 | 70.34 |
| 16 | 东川区 | 13.62772966 | 69.62 |
| 平均值 | | 16.52021723 | 76.65 |
| 百分标准值 | | 28.11679545 | 100 |

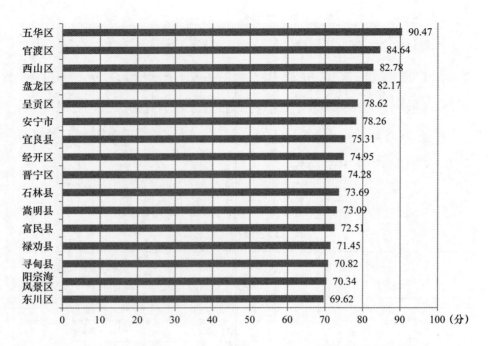

图 5 - 1  昆明 16 个县（市）区、开发（度假）区社会治理

综合指数得分排序

## （二）昆明县域社会治理综合指数比较分析

昆明 16 个县（市）区、开发（度假）区社会治理综合指数排在前三名的分别为：五华区 90.47 分、官渡区 84.64 分、西山区 82.78 分。

排在后三名的为：寻甸县 70.82 分、阳宗海风景区 70.34 分、东川区 69.62 分（见图 5 - 2）。

五华区社会治理综合指数得分 90.47 分，位居昆明市第一。从 3 项分指数看，五华区"社会活力""社会服务"指数得分为 90.65 分、94.11 分，位于第 1 名；"社会环境"指数得分 81.34 分，位于第 4 名。

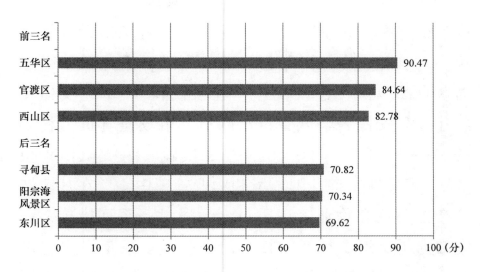

图 5 - 2　昆明 16 个县（市）区、开发（度假）区社会治理

综合指数前三名与后三名

从深层次原因看，五华区社会治理综合指数得分排名
第一，得益于五华区以党建为引领，创新服务模式不
断推进五华社会治理体系和治理能力现代化。一是坚
持"党建引领＋"。树立"大融合、大联动、大治理"
城市基层党建工作理念。五华区把社会治理体制机制
创新和能力水平提升，作为城市基层党建工作重点。
在机制引领上，变"独角戏"为"大合唱"；在组织
引领上，变"单向发力"为"双向发力"。2019 年来
先后实施了党建引领＋"吹哨报到"改革＋"红色物
业"建设、"四社联动"服务等项目，统筹退役军人
服务管理、残疾人服务管理、劳动就业服务管理等领
域全面发展。二是推进"示范引领"。按照"做强街
道、做优社区、做实系统、做活治理"的工作思路，

取消街道招商引资等经济职能考核，将城市管理综合执法人、财、物、权等全部下放街道，率先赋予街道对区直部门考核建议权等"五项权利"，率先实体化组建以公安民警、城管执法队员、市场监管员为核心的"1＋3＋N"综合执法队伍，实践"一支队伍管执法"，率先在街道挂牌环境和物业管理中心、在社区选举产生环境和物业管理委员会，通过一系列措施，有力增强了街道、社区的社会治理能力。三是强化"网格治理"。五华区创新开展党建引领网格治理"以诉为哨、接诉即办、未诉先办"工程，通过细化"三级网格"、升级"吹哨报到"、延伸"小区党建"，把"网格治理"做细做精。①

官渡区社会治理综合指数得分84.64分，位居昆明市第二位。从3项分指数看，官渡区"社会活力"指数得分89.95分，位于第2名；"社会服务"指数得分68.32分，位于第4名；"社会环境"指数得分84.11分，位于第2名。综合指数据此排名靠前。官渡区排名靠前的经验是：构建"四机制"推进"四化"，形成协同联动、运转高效、多方参与、综合提升的社会治理新机制。一是构建多元参与机制，推进治理社会化。以"党建联合体""大党委""网格化"管理等形式，引导650余家驻辖区机关、企事业单位、其他

---

① 《党建引领开创社会治理新格局》，云南网，2020－11－06。

社会力量和市场主体等多元参与社会治理。二是构建依法治理机制，推进治理法治化。进一步完善法治建设组织领导体制和工作机制，强化依法执政、依法行政，加强法律监督，提升司法公正，推动全民守法，把法治理念贯穿到社会治理各领域、全过程。三是构建主责主业机制，推进治理专业化。搭建区政府、街道、社区购买社会组织服务项目平台，建立优秀社会组织资源库、优秀社会组织人才库、政府购买服务项目库，推进社区、社会组织、社会工作"三社联动"机制。四是构建大数据＋机制，推进治理智能化。全面实施"智慧官渡"工程建设，整合"官渡智慧党建云""网格信息中心"等各类信息化平台，建立社会治理"大数据"，一切业务数据化、一切数据业务化，破解数据"聚通用"难题。①

西山区社会治理综合指数得分 82.78 分，位居昆明市第三位。从 3 项分指数看，西山区"社会活力"指数得分 84.62 分，位于第 4 名；"社会服务"指数得分 71.75 分，位于第 3 名；"社会环境"指数得分 80.34 分，位于第 8 名。西山综合指数排名靠前，其主要经验：坚持"党建引领、网格主导、多元参与、协商共治"的社会治理西山路径。西山区研究制定下发

---

① 《昆明官渡区"四机制"推进社会治理"四化"》，云南网，2019 - 12 - 19。

了《关于进一步深化党建引领网格化治理　提升基层社会治理水平的实施方案》，创新建立"1+9+X"工作机制，努力打造网格化社会治理西山样板。推动居民区网格治理科学化、精细化，逐步引导居民开展自治。

从后三名来看，寻甸县、阳宗海风景区、东川区得分都是 70 分左右，全部低于平均值 76.65 分（见图 5-2）。与排名前列的县区差距较大。

寻甸县社会治理综合指数得分 70.82 分，倒数第三。从 3 项分指标看，寻甸县"社会活力"指数得分 63.95 分，位于第 15 名；"社会服务"指数得分 65.69 分，位于第 7 名；"社会环境"指数得分 75.70 分，位于第 15 名。显然，由于社会活力指数、社会环境指数得分倒数第二，故综合指数得分排名后列。

阳宗海风景区社会治理综合指数得分 70.34 分，倒数第二。从 3 项分指标看，阳宗海风景区"社会活力"指数得分 72.45 分，位于第 10 名；"社会服务"指数得分 56.78 分，位于第 15 名；"社会环境"指数得分 68.78 分，位于第 16 名。显然，阳宗海风景区综合指数得分排名后列，原因在于社会服务和社会环境总体水平相对落后。

东川区社会治理综合指数得分 69.62 分，倒数第一。从 3 项分指数看，东川区"社会活力"指数得分 62.02 分，位于第 16 名；"社会服务"指数得分 60.78

分，位于第 12 名；"社会环境"指数得分 79.60 分，位于第 10 名。显然东川区的社会活力指数得分倒数第一，故综合指数得分排名倒数第一。

## 二　昆明县域"社会活力"指数

昆明县域社会活力指数作为昆明县域社会治理综合指数构成要素之一，从一个侧面反映了昆明县域社会治理的水平，以下对其进行比较分析。

### （一）昆明县域"社会活力"指数得分和排名

2019 年，昆明县域"社会活力"指数得分排名第一的五华区，得分 90.65 分；最后一名东川区，得分 62.02 分（见表 5-2、图 5-3）。第一名五华区与最后一名东川区相差 28.63 分。

表 5-2　　　2019 年昆明县域"社会活力"指数得分和排名　　　（单位：分）

| 排名 | 昆明下辖县（市）区 | 2019 年"社会活力"指数得分 | 2019 年"社会活力"指数百分制得分 |
|---|---|---|---|
| 1 | 五华区 | 13.30623854 | 90.65 |
| 2 | 官渡区 | 13.10157982 | 89.95 |
| 3 | 盘龙区 | 11.95572886 | 85.93 |
| 4 | 西山区 | 11.59372526 | 84.62 |
| 5 | 安宁市 | 10.69986398 | 81.29 |
| 6 | 呈贡区 | 9.985782855 | 78.53 |

续表

| 排名 | 昆明下辖县（市）区 | 2019年"社会活力"指数得分 | 2019年"社会活力"指数百分制得分 |
|---|---|---|---|
| 7 | 经开区 | 9.875426474 | 78.10 |
| 8 | 晋宁区 | 9.153895665 | 75.19 |
| 9 | 石林县 | 8.694369219 | 73.28 |
| 10 | 阳宗海风景区 | 8.498856662 | 72.45 |
| 11 | 宜良县 | 8.410837993 | 72.07 |
| 12 | 富民县 | 8.251444103 | 71.39 |
| 13 | 嵩明县 | 8.080704408 | 70.65 |
| 14 | 禄劝县 | 6.797255168 | 64.79 |
| 15 | 寻甸县 | 6.621909874 | 63.95 |
| 16 | 东川区 | 6.228837282 | 62.02 |
| 平均值 | | 9.453528509 | 76.41 |
| 百分标准值 | | 16.19124494 | 100 |

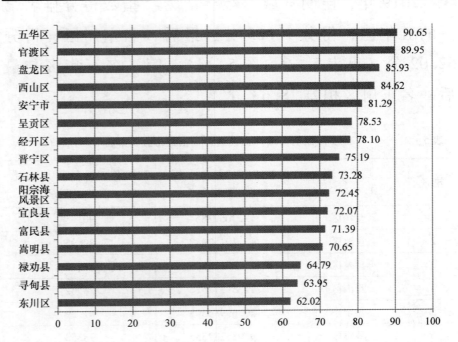

图5-3 昆明16个县（市）区、开发（度假）区"社会活力"指数得分排序

## （二）昆明县域"社会活力"指数比较分析

2019 年，昆明县域"社会活力"指数得分排名前三名的分别是：五华区，得分 90.65 分；官渡区，得分 89.95 分；盘龙区，得分 85.93 分。五华区、官渡区、盘龙区"社会活力"指数得分均在平均值 76.41 分以上。

排名后三名的分别是：禄劝县，得分 64.79 分；寻甸县，得分 63.95 分；东川区，得分 62.02 分。这三个县（市）区"社会活力"指数得分均在平均值 76.41 以下（见图 5－4）。

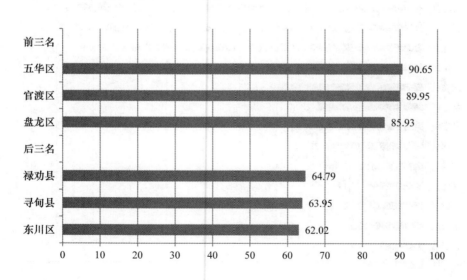

图 5－4　昆明县域"社会活力"指数得分前三名与后三名

## （三）昆明县域"社会活力"指数构成指标排序

昆明县域"社会活力"指数包括"年末城镇常住人

口数（万人）""城镇居民人均可支配收入（万元）""农村居民人均可支配收入（万元）""地区生产总值（万元）""居民储蓄存款余额（亿元）""注册志愿者人数占本地常住人口比例（％）""有志愿服务时间记录的志愿者人数占注册志愿者总人数的比例（％）""《国民体质测定标准》合格以上的人数比例（％）"8 个评价指标。

1. 年末城镇常住人口数（万人）

在年末城镇常住人口数中，昆明 16 个县（市）区差距很大。排名第一的官渡区和排名最后一名的阳宗海风景区相差 92.19 万人（见图 5 - 5）。

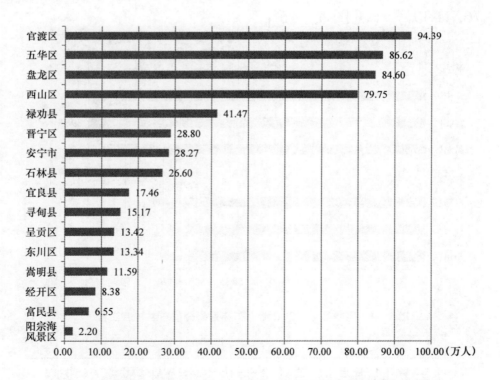

图 5 - 5　昆明 16 个县（市）区、开发（度假）区年末城镇常住人口数

2019 年昆明市 16 个县（市）区、开发（度假）区年末城镇常住人口数排名前三的为：官渡区，94.39 万人；五华区，86.62 万人；盘龙区，84.60 万人。

排名后三的为：经开区，8.38 万人；富民县，6.55 万人；阳宗海风景区，2.20 万人（见图 5 - 6）。

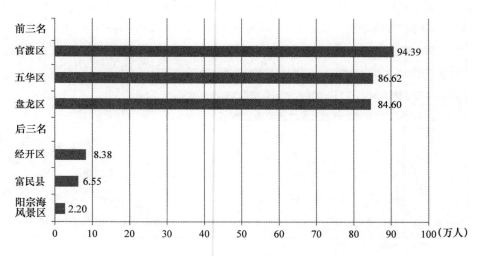

图 5 - 6　昆明 16 个县（市）区、开发（度假）区年末城镇
常住人口数前三名与后三名

### 2. 城镇居民人均可支配收入（万元）

在城镇居民人均可支配收入中，2019 年昆明市 14 个县（市）区（经开区与阳宗海风景区没有数据）城镇居民人均可支配收入差距较小，排名第一的盘龙区和排名最后一名的东川区相差 1.21 万元（见图 5 - 7）。

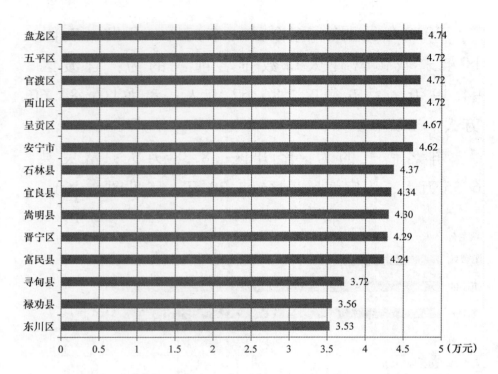

图 5 - 7　昆明 16 个县（市）区、开发（度假）区城镇居民

人均可支配收入

注：本书考察昆明县域社会治理指数对象为五华区等 16 个县（市）区、开发（度假）区，因部分地区无数据，故图中未全显示，后同。

2019 年昆明市 14 个县（市）区（经开区与阳宗海风景区没有数据）城镇居民人均可支配收入排名前四的为：盘龙区，4.74 万元；五华区，4.72 万元；官渡区，4.72 万元；西山区，4.72 万元。

排名后三的为：寻甸县，3.72 万元；禄劝县，3.56 万元；东川区，3.53 万元（见图 5 - 8）。

3. 农村居民人均可支配收入（万元）

2019 年昆明市 14 个县（市）区（经开区与阳宗

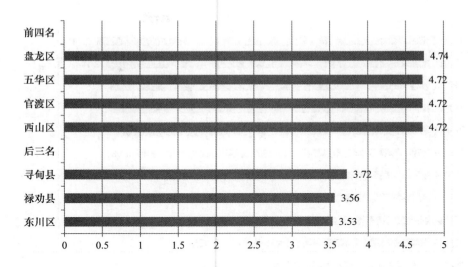

图 5 - 8　昆明 16 个县（市）区、开发（度假）区城镇居民
人均可支配收入（万元）前四名与后三名

海风景区没有数据）农村居民人均可支配收入差距较
大。排名第一的官渡区和排名最后一名的东川区相差
1.3 万元（见图 5 - 9）。

2019 年昆明市 14 个县（市）区（经开区与阳宗
海风景区没有数据）农村居民人均可支配收入排名前
三的为：官渡区，2.24 万元；西山区，2.18 万元；呈
贡区，2.15 万元。

排名后三的为：寻甸县，1.00 万元；禄劝县，
0.97 万元；东川区，0.94 万元（见图 5 - 10）。

4. 地区生产总值（万元）

2019 年昆明市 15 个县（市）区（阳宗海风景区没有
数据）地区生产总值差距很大。排名第一的官渡区和排
名最后一名的富民县相差 12470018 万元（见图 5 - 11）。

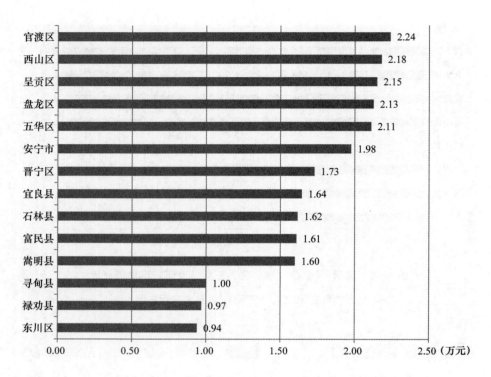

图 5 - 9　昆明 16 个县（市）区、开发（度假）区农村居民

人均可支配收入

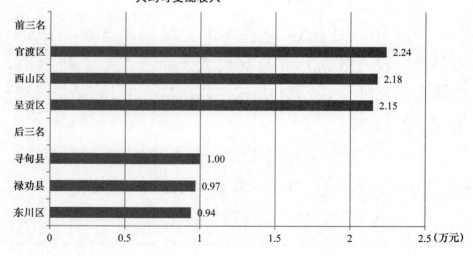

图 5 - 10　昆明 16 个县（市）区、开发（度假）区农村居民

人均可支配收入前三名与后三名

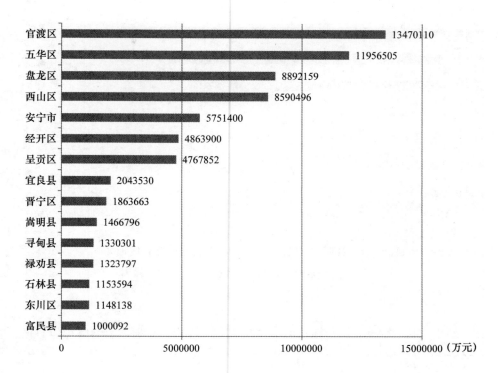

图 5 - 11 昆明 16 个县（市）区、开发（度假）区地区生产总值

2019 年昆明市 15 个县（市）区（阳宗海风景区没有数据）地区生产总值排名前三的为：官渡区，13470110 万元；五华区，11956505 万元；盘龙区，8892159 万元。

排名后三的为：石林县，1153594 万元；东川区，1148138 万元；富民县，1000092 万元（见图 5 - 12）。

5. 居民储蓄存款余额（亿元）

2019 年昆明 12 个县（市）区（五华区、盘龙区、晋宁区、经开区没有提供准确数据）居民储蓄存款余

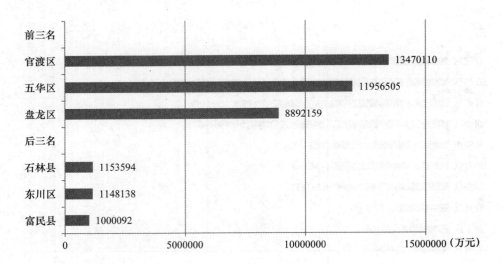

图 5 – 12　昆明 16 个县（市）区、开发（度假）区地区
生产总值前三名与后三名

额数据很不均衡。排名第一的官渡区和排名最后的阳
宗海风景区相差 854.66 亿元（见图 5 – 13）。

2019 年昆明 12 个县（市）区（五华区、盘龙区、
晋宁区、经开区没有提供准确数据）居民储蓄存款余
额排名前三的为：官渡区，876.5815 亿元；西山区，
584.21 亿元；呈贡区，275.08 亿元。

排名后三的为：石林县，80.37 亿元；富民县，
63.97 亿元；阳宗海风景区，21.92 亿元（见图 5 – 14）。

6. 注册志愿者人数占本地常住人口比例（%）

2019 年昆明市 16 个县（市）区注册志愿者人数占
本地常住人口比例分布非常不均衡。排名第一的经开区
和排名最后的禄劝县相差 28.0462%（见图 5 – 15）。

2019 年昆明市 16 个县（市）区注册志愿者人数

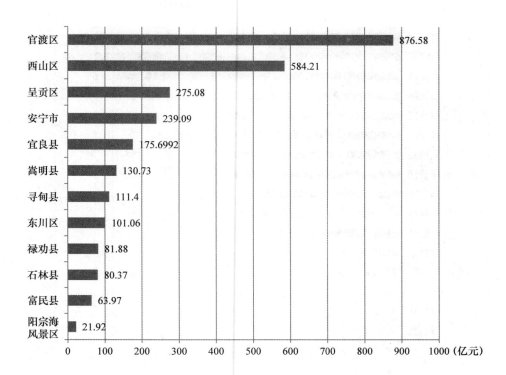

图 5 – 13　昆明 16 个县（市）区、开发（度假）区居民储蓄存款余额

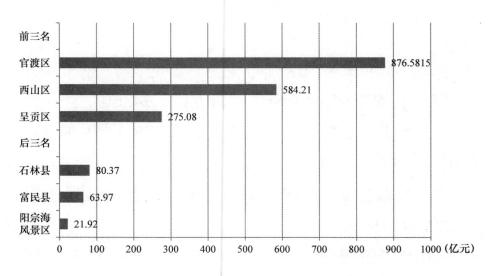

图 5 – 14　昆明 16 个县（市）区、开发（度假）区居民储蓄存款

余额前三名与后三名

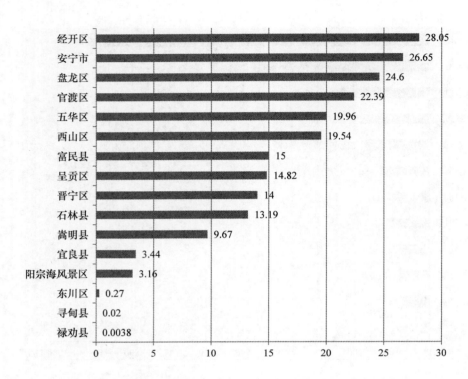

图 5 - 15　昆明 16 个县（市）区、开发（度假）区注册志愿者人数

占本地常住人口比例（%）

占本地常住人口比例排名前三的是：经开区，28.05%；安宁市，26.65%；盘龙区，24.6%。

排名后三的为：东川区，0.27%；寻甸县，0.02%，禄劝县，0.0038%（见图 5 - 16）。

7. 有志愿服务时间记录的志愿者人数占注册志愿者总人数的比例（%）

2019 年昆明市 16 个县（市）区有志愿服务时间记录的志愿者人数占注册志愿者总人数的比例分布很不均衡。排名第一的阳宗海风景区和排名最后的嵩明

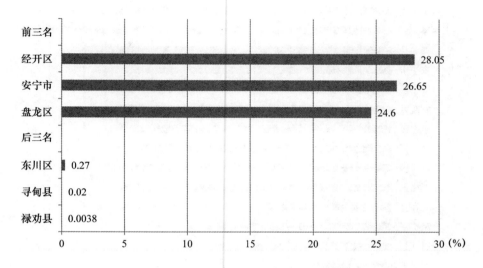

图 5 - 16 昆明 16 个县（市）区、开发（度假）区注册志愿者人数
占本地常住人口比例前三名与后三名

县相差 71.9%（见图 5 - 17）。

2019 年昆明市 16 个县（市）区有志愿服务时间
记录的志愿者人数占注册志愿者总人数的比例排名前
三的是：禄劝县，100%；阳宗海风景区，100%；寻
甸县，90%。

排名后三的是：富民县，52%；东川区，28.37%；
嵩明县，28.1%（见图 5 - 18）。

8.《国民体质测定标准》合格以上的人数比
例（%）

2019 年昆明市 13 个县（市）区（官渡区、晋宁
区、阳宗海风景区没有数据）《国民体质测定标准》
合格以上的人数比例差距较大。排名第一的五华区和

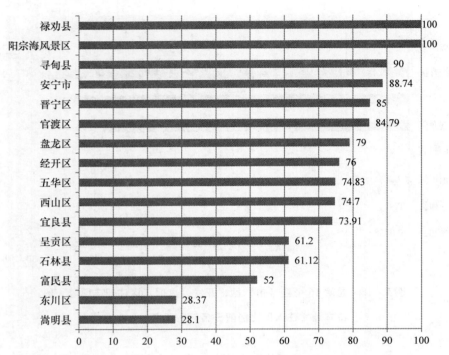

图 5 – 17　昆明 16 个县（市）区、开发（度假）区有志愿服务时间记录的
志愿者人数占注册志愿者总人数的比例（%）

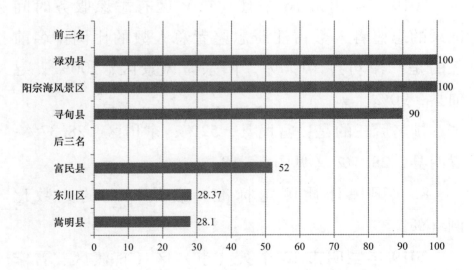

图 5 – 18　昆明 16 个县（市）区、开发（度假）区有志愿服务时间记录的
志愿者人数占注册志愿者总人数的比例（%）前三名与后三名

排名最后的西山区相差 38%（见图 5 – 19）。

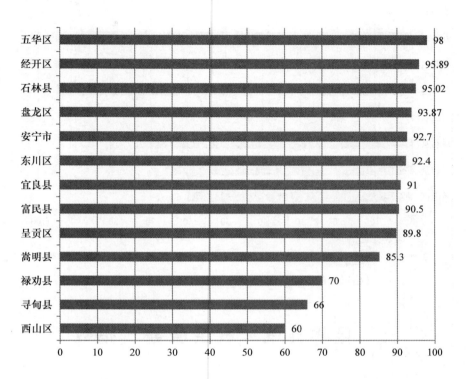

图 5 – 19　昆明 16 个县（市）区、开发（度假）区《国民体质测定标准》
合格以上的人数比例（%）

　　2019 年昆明市 13 个县（市）区（官渡区、晋宁区、阳宗海风景区没有数据）《国民体质测定标准》合格以上的人数比例（%）排名前三的是：五华区，98%；经开区，95.89%；石林县，95.02%。

　　排名后三的是：禄劝县，70%；寻甸县，66%；西山区，60%（见图 5 – 20）。

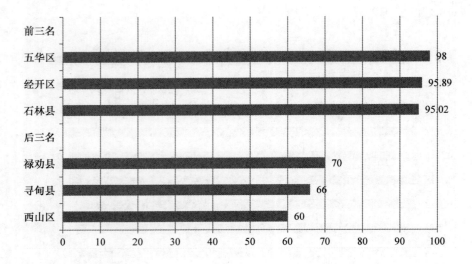

图 5 - 20　昆明 16 个县（市）区、开发（度假）区《国民体质测定标准》

合格以上的人数比例（％）排名前三名与后三名

# 三　昆明县域"社会服务"指数

## （一）昆明"社会服务"总指数得分和排名

2019 年昆明县域"社会服务"指数排名第一的是五华区，得分 94.11；最后一名是经开区，得分 56.70分（详见表 5 - 3，图 5 - 21、图 5 - 22）。第一名五华区与最后一名经开区相差 37.41 分。

表 5 - 3　　　2019 年昆明县域"社会服务"指数得分和排名　　　（单位：分）

| 排名 | 昆明下辖县（市）区 | 2019 年"社会服务"指数得分 | 2019 年"社会服务"指数百分制得分 |
|---|---|---|---|
| 1 | 五华区 | 12.35273656 | 94.11 |
| 2 | 宜良县 | 8.872905141 | 79.76 |

续表

| 排名 | 昆明下辖县（市）区 | 2019年"社会服务"指数得分 | 2019年"社会服务"指数百分制得分 |
|---|---|---|---|
| 3 | 西山区 | 7.180391508 | 71.75 |
| 4 | 官渡区 | 6.510770008 | 68.32 |
| 5 | 禄劝县 | 6.496622005 | 68.25 |
| 6 | 盘龙区 | 6.201399259 | 66.68 |
| 7 | 寻甸县 | 6.018733283 | 65.69 |
| 8 | 安宁市 | 5.635667481 | 63.56 |
| 9 | 呈贡区 | 5.566906710 | 63.17 |
| 10 | 嵩明县 | 5.494755347 | 62.76 |
| 11 | 富民县 | 5.157809545 | 60.81 |
| 12 | 东川区 | 5.153466090 | 60.78 |
| 13 | 晋宁区 | 5.107802413 | 60.51 |
| 14 | 石林县 | 5.093573037 | 60.43 |
| 15 | 阳宗海风景区 | 4.496822518 | 56.78 |
| 16 | 经开区 | 4.484128234 | 56.70 |
| 平均值 | | 6.239030571 | 66.88 |
| 百分标准值 | | 13.94874445 | 100 |

## （二）昆明县域"社会服务"指数比较分析

2019年，昆明县域"社会服务"指数得分排名前三位的分别是：五华区，得分94.11分；宜良县，得分79.76分；西山区，得分71.75分。

排名后三位的分别是：石林县，得分60.43分；阳宗海风景区，得分56.78分；经开区，得分56.70分。石林县、阳宗海风景区、经开区县域社会服务指数普遍低于平均值66.88分，排名后3位（见图5-22）。

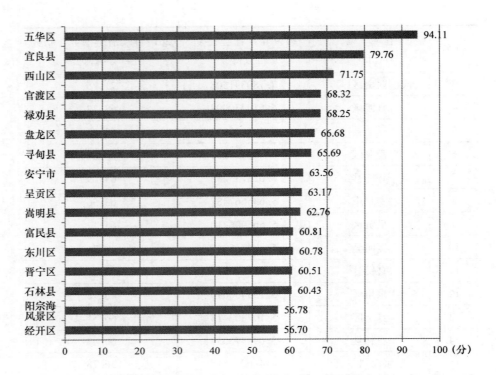

图5-21　昆明16个县（市）区、开发（度假）区"社会服务"指数得分

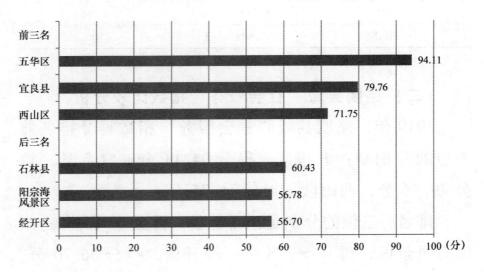

图5-22　昆明16个县（市）区、开发（度假）区"社会服务"指数

前三名与后三名

### （三）县域"社会服务"指数构成指标排序

县域"社会服务"指数主要包括人均体育场地面积（平方米）、医疗卫生机构床位数（张）、每千名常住人口公共卫生人员数（人）、小学生均义务教育公用经费支出（元）、初中生均义务教育公用经费支出（元）、普通中学在校学生数（人）、各种社会福利收养性单位数（个）、行政村4G覆盖率（%）8个评价指标。

1. 人均体育场地面积（平方米）

2019年昆明市16个县（市）区人均体育场地面积分布非常不均衡。排名第一的嵩明县和排名最后的阳宗海风景区相差8.85平方米（见图5-23）。

2019年昆明市16个县（市）区人均体育场地面积排名前三的是：嵩明县，9.4平方米；呈贡区，7.41平方米；五华区，2.3平方米。

排名后三的是：寻甸县，1.05平方米；经开区，0.73平方米；阳宗海风景区，0.55平方米（见图5-24）。

2. 医疗卫生机构床位数（张）

2019年昆明市16个县（市）区医疗卫生机构床位数（张）呈现明显的不均衡。排名第一的西山区和排名最后的阳宗海风景区相差13459张（见图5-25）。

2019年昆明市16个县（市）区医疗卫生机构床

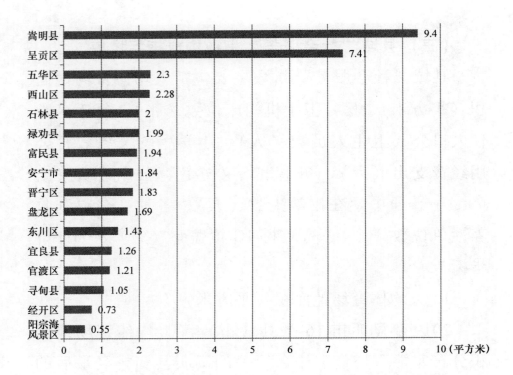

图 5-23　昆明 16 个县（市）区、开发（度假）区人均体育场地面积

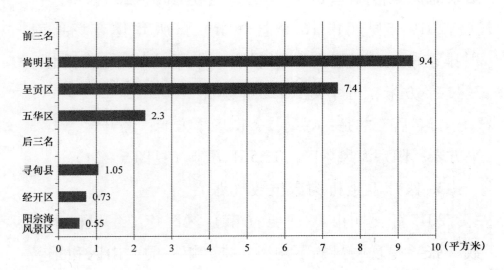

图 5-24　昆明 16 个县（市）区、开发（度假）区人均体育场地

面积前三名与后三名

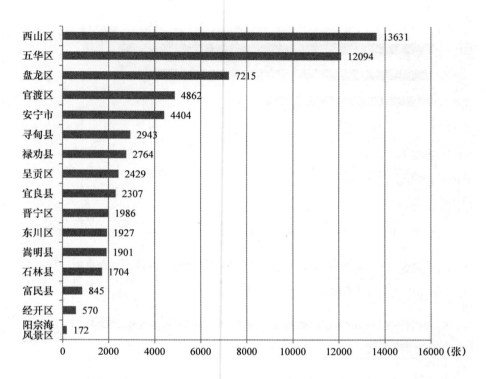

图 5 - 25　昆明 16 个县（市）区、开发（度假）区医疗卫生机构床位数

位数（张）排名前三的是：西山区，13631 张；五华区，12094 张；盘龙区，7215 张。

排名后三的是：富民县，845 张；经开区，570 张；阳宗海风景区，172 张（见图 5 - 26）。

3. 每千名常住人口公共卫生人员数（人）

2019 年昆明市 16 个县（市）区每千名常住人口公共卫生人员数呈现非常不均衡的状态。排名第一的五华区和排名最后的嵩明县相差 63.95 人（见图 5 - 27）。

2019 年昆明市 16 个县（市）区每千名常住人口

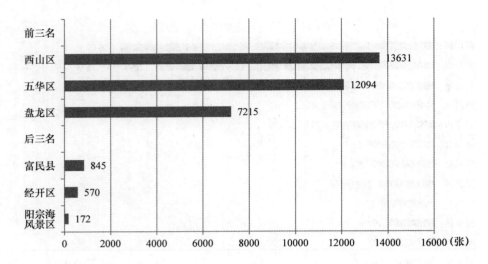

图 5 - 26　昆明 16 个县（市）区、开发（度假）区医疗卫生机构

床位数前三名与后三名

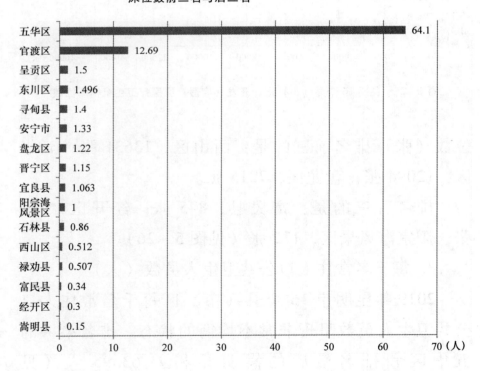

图 5 - 27　昆明 16 个县（市）区、开发（度假）区每千名常住人口

公共卫生人员数

公共卫生人员数排名前三的是：五华区，64.1 人；官渡区，12.69 人；呈贡区，1.5 人。

排名后三的是：富民县，0.34 人；经开区，0.3 人；嵩明县，0.15 人（见图 5 - 28）。

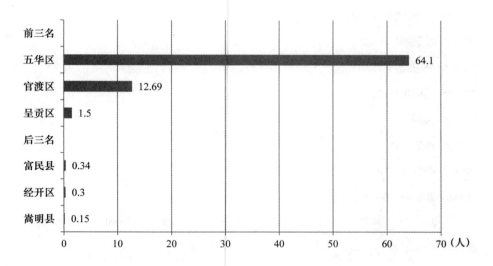

图 5 - 28  昆明 16 个县（市）区、开发（度假）区每千名常住人口

公共卫生人员数前三名与后三名

### 4. 小学生均义务教育公用经费支出（元）

2019 年昆明市 13 个（西山区、嵩明县、阳宗海风景区数据不明确）县区小学生均义务教育公用经费支出差异显著。排名第一的五华区与排名最后的盘龙区相差 4780.2 元（见图 5 - 29）。

2019 年昆明市县（市）区小学生均义务教育公用经费支出（元）排名前三的是：五华区，5217.2 元；宜良县，2904.12 元；禄劝县，2050.58 元。

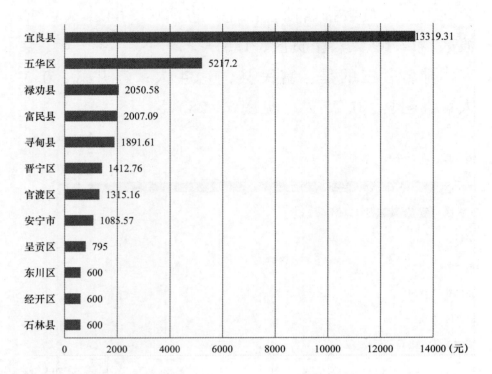

图 5 – 29　昆明 16 个县（市）区、开发（度假）区小学生均

义务教育公用经费支出（元）

排名后四的是：东川区，600 元；石林县，600
元；经开区，600 元；盘龙区，437 元（见图 5 –30）。

5. 初中生均义务教育公用经费支出（元）

2019 年昆明市 13 个县区（西山区、嵩明县、阳
宗海风景区数据不明确）初中生均义务教育公用经费
支出差异明显。排名第一的五华区与排名最后的盘龙
区相差 10205.23 元（见图 5 –31）。

2019 年昆明市县（市）区初中生均义务教育公用
经费支出（元）排名前三的是：五华区，10862.23

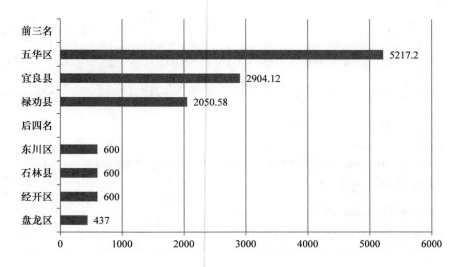

图 5-30　昆明 16 个县（市）区、开发（度假）区小学生均

义务教育公用经费支出（元）前三名与后四名

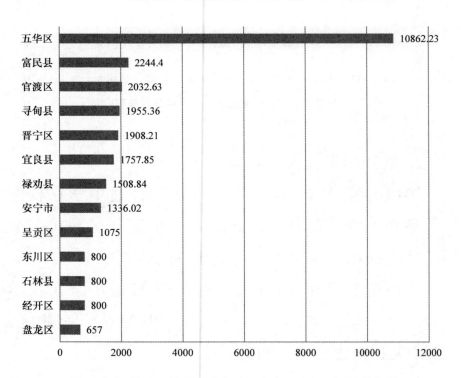

图 5-31　昆明 16 个县（市）区、开发（度假）区初中生均

义务教育公用经费支出（元）

元；富民县，2244.4 元；官渡县，2032.63 元；。

排在后四的是：东川区，800 元；石林县，800 元；经开区，800 元；盘龙区，657 元（见图 5 – 32）。

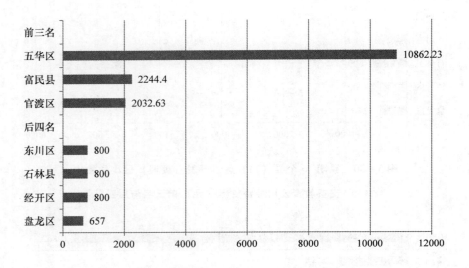

图 5 – 32　昆明 16 个县（市）区、开发（度假）区初中生均

义务教育公用经费支出（元）前三名与后四名

## 6. 普通中学在校学生数（人）

2019 年昆明市 16 个县（市）区普通中学在校学生数呈现不均衡的状态。排名第一的五华区和排名最后的经开区相差 47993 人（见图 5 – 33）。

2019 年昆明市 16 个县（市）区普通中学在校学生数（人）前三名的是：五华区，49924 人；官渡区，28598 人；西山区，27740。

排在后三的是：晋宁区，8265 人；阳宗海风景区，2756 人；经开区，1931 人（见图 5 – 34）。

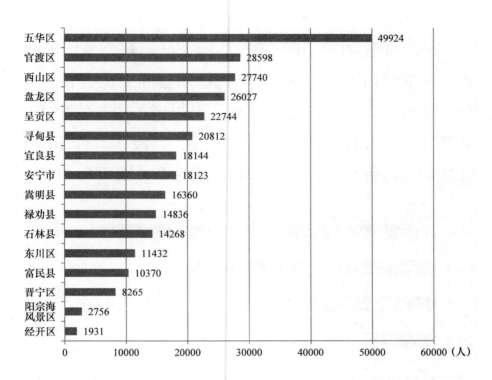

图 5 - 33　昆明 16 个县（市）区、开发（度假）区普通中学在校学生数

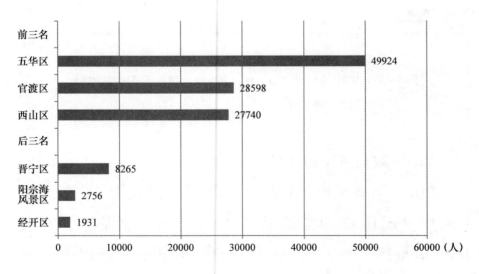

图 5 - 34　昆明 16 个县（市）区、开发（度假）区普通中学

在校学生数前三名与后三名

### 7. 各种社会福利收养性单位数（个）

2019 年昆明市 16 个县区各种社会福利收养性单位数呈现不均衡。五华区 11 个，禄劝县 8 个，宜良县 5 个，寻甸县 2 个，盘龙区 1 个，东川区 1 个，安宁市、呈贡区、富民县、经开区、西山区、官渡区、晋宁区、石林县、嵩明县、阳宗海风景区均为 0（见图 5-35）。

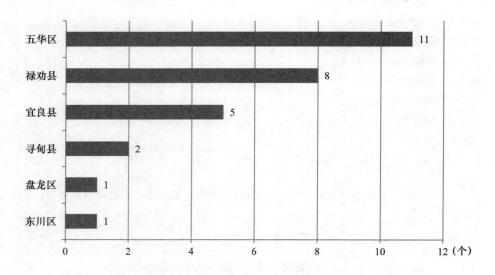

图 5-35　昆明 16 个县（市）区、开发（度假）区各种社会福利
收养性单位数

### 8. 行政村 4G 覆盖率（%）

2019 年昆明市 16 个县（市）区行政村 4G 覆盖率（%）呈现比较均衡的状态。五华区、盘龙区、官渡区、呈贡区、东川区、晋宁区、安宁市、富民县、宜良县、嵩明县、石林县、禄劝县、寻甸县、经开区、阳宗海风景区均为 100%，只有西山区为 98%（见

图 5 - 36）。

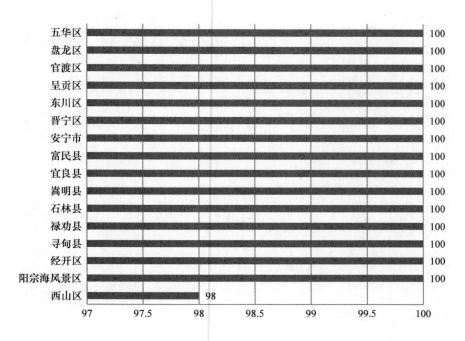

图 5 - 36 昆明 16 个县（市）区、开发（度假）区行政村 4G 覆盖率（%）

# 四 昆明县域"社会环境"指数

## （一）昆明县域"社会环境"指数得分和排名

2019 年，昆明县域"社会环境"指数全部在 60 分以上，其中呈贡区、官渡区、盘龙区、五华区、经开区、安宁市、嵩明县、西山区 8 个县（市）区在平均值 80.25 分以上。其余 8 个县（市）区均在平均值以下。第一名呈贡区与最后一名阳宗海风景区相差 20.84 分（见表 5 - 4、图 5 - 37）。

表 5 - 4　　　　2019 年昆明县域"社会环境"指数得分和排名　　　（单位：分）

| 排名 | 昆明下辖县（市）区 | 2019 年"社会环境"指数得分 | 2019 年"社会环境"指数百分制得分 |
|---|---|---|---|
| 1 | 呈贡区 | 12.28130227 | 89.62 |
| 2 | 官渡区 | 10.81790013 | 84.11 |
| 3 | 盘龙区 | 10.78880662 | 84.00 |
| 4 | 五华区 | 10.11763900 | 81.34 |
| 5 | 经开区 | 10.09316926 | 81.25 |
| 6 | 安宁市 | 10.06073865 | 81.12 |
| 7 | 嵩明县 | 9.949404413 | 80.67 |
| 8 | 西山区 | 9.869887245 | 80.34 |
| 9 | 禄劝县 | 9.699193970 | 79.64 |
| 10 | 东川区 | 9.687216837 | 79.60 |
| 11 | 宜良县 | 9.675685170 | 79.55 |
| 12 | 石林县 | 9.628330128 | 79.35 |
| 13 | 富民县 | 9.502184028 | 78.83 |
| 14 | 晋宁区 | 9.372769345 | 78.29 |
| 15 | 寻甸县 | 8.762525001 | 75.70 |
| 16 | 阳宗海风景区 | 7.233104943 | 68.78 |
| | 平均值 | 9.846241063 | 80.25 |
| | 百分标准值 | 15.29067748 | 100 |

## （二）昆明县域"社会环境"指数比较分析

2019 年，昆明县域"社会环境"指数得分排名前三的分别是：呈贡区，得分 89.62 分；官渡区，得分 84.11 分；盘龙区，得分 84.00 分。呈贡区、官渡区、盘龙区"社会环境"指数得分均在平均值 80.25 分以上。

2019 年昆明县域"社会环境"指数得分排名后三

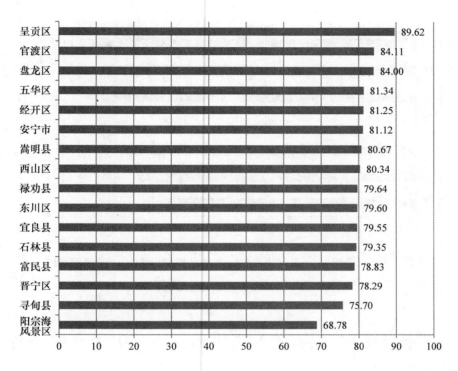

图 5 - 37　昆明 16 个县（市）区、开发（度假）区 2019 年昆明县域
"社会环境"指数得分排序

的分别是：晋宁区，得分 78.29 分；寻甸县，得分 75.70 分；阳宗海风景区，得分 68.78 分。晋宁区、寻甸县、阳宗海风景区均低于平均值 80.25 分（见图 5 - 38）。

**（三）县域"社会环境"指数构成指标排序**

县域"社会环境"指数具体包括建成区绿地率（％）、人均公园绿地面积（平方米）、生活垃圾无害化处理率（％）、县城声环境功能区夜间监测总点次

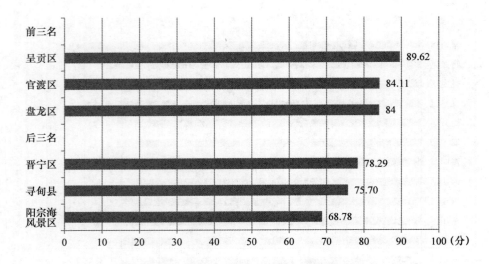

图5-38　昆明16个县（市）区、开发（度假）区2019年昆明县域

"社会环境"指数得分前三名与后三名

达标率（％）、无劣于Ⅴ类水体（有＝0／无＝1）5个评价指标。

1. 建成区绿地率（％）

2019年昆明16个县（市）区建成区绿地率呈现不均衡之状态。排名第一的呈贡区和排名最后的阳宗海风景区相差13.55％（见图5-39）。

2019年昆明16个县区建成区绿地率前三名的为：呈贡区，41.99％；官渡区，41.35％；盘龙区，40.13％。

后三名的为：富民县，35.38％；寻甸县，34.6％；阳宗海风景区，28.44％（见图5-40）。

2. 人均公园绿地面积（平方米）

2019年昆明16个县（市）区人均公园绿地面积

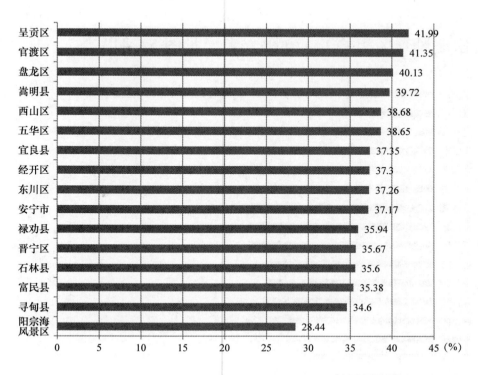

图 5-39　昆明 16 个县（市）区、开发（度假）区建成区绿地率

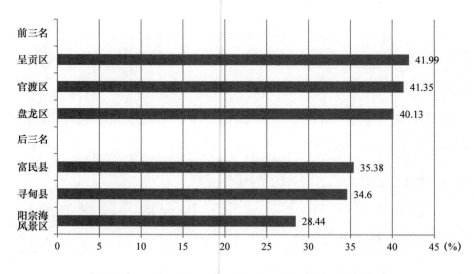

图 5-40　昆明 16 个县（市）区、开发（度假）区建成

区绿地率前三名与后三名

呈现不均衡状态。排名第一的呈贡区和排名最后的阳宗海风景区相差 14.76 平方米（见图 5－41）。

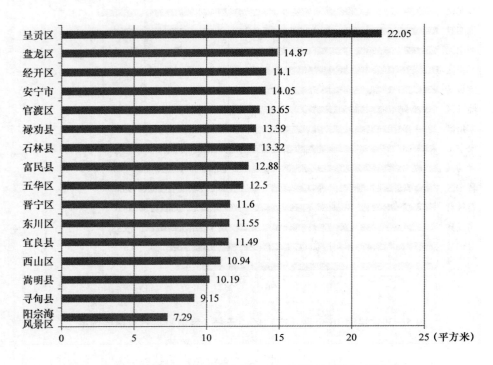

图 5－41　昆明 16 个县（市）区、开发（度假）区人均
公园绿地面积

2019 年昆明 16 个县（市）区人均公园绿地面积前三名的为：呈贡区，22.05 平方米；盘龙区，14.87 平方米；经开区，14.1 平方米。

2019 年昆明 16 个县（市）区人均公园绿地面积后三名的为：嵩明县，10.19 平方米；寻甸县，9.15 平方米；阳宗海风景区 7.29 平方米（见图 5－42）。

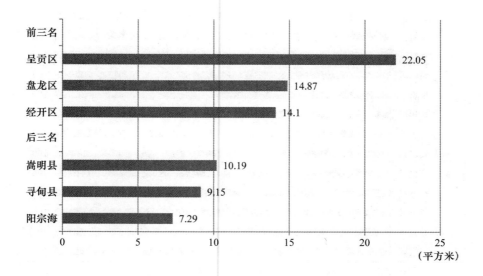

图 5 - 42　昆明 16 个县（市）区、开发（度假）区人均公园
绿地面积前三名与后三名

## 3. 生活垃圾无害化处理率（%）

2019 年昆明 16 个县（市）区生活垃圾无害化处理率，有三个县不到 100%，分别是禄劝县 97%，嵩明县 96%，宜良县 95%，其余 13 个县（市）区均达到 100%（见图 5 - 43）。

2019 年昆明 16 个县区生活垃圾无害化处理率前三名的县（市）区均为 100%。

2019 年昆明 16 个县区生活垃圾无害化处理率后三名的分别是：禄劝县为 97%、嵩明县为 96%、宜良县为 95%（见图 5 - 44）。

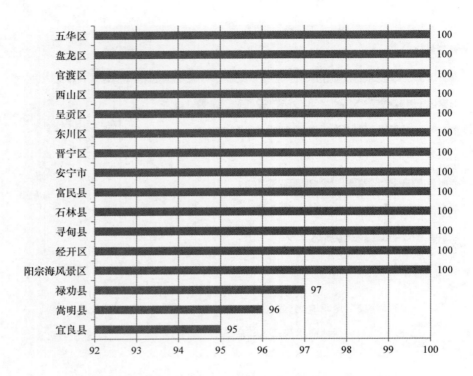

图5－43　昆明16个县（市）区、开发（度假）区生活垃圾
无害化处理率（%）

4. 县城声环境功能区夜间监测总点次达标率（%）

2019 年昆明市 12 个县（市）区（富民县、宜良县、嵩明县、经开区没有数据）县城声环境功能区夜间监测总点次达标率呈现不均衡的状态。五华区、盘龙区、西山区、呈贡区、东川区、安宁市、石林县、禄劝县、阳宗海风景区均为100%；另外有 3 个县、区没有达到 100%，分别是晋宁区，99%；寻甸县，98%；官渡区，18.5%。排名最后的官渡区和并列第一的五华区等相差81.5%（见图 5－45）。

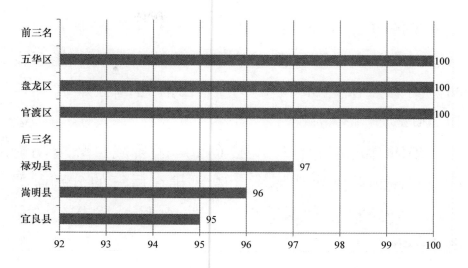

图 5 – 44　昆明 16 个县（市）区、开发（度假）区生活垃圾
无害化处理率前三名与后三名（%）

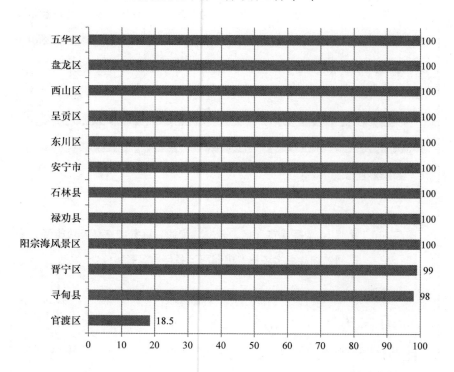

图 5 – 45　昆明 16 个县（市）区、开发（度假）区县城声环境功能区
夜间监测总点次达标率（%）

　　2019 年昆明市 12 个县（市）区（富民县、宜良县、嵩明县、经开区没有数据）县城声环境功能区夜间监测总点次达标率（%）排在前九的五华区等均为 100%。

　　2019 年昆明市 12 个县（市）区县城声环境功能区夜间监测总点次达标率（%）排在后三的分别是晋宁区，99%；寻甸县，98%；官渡区，18.5%（见图 5-46）。

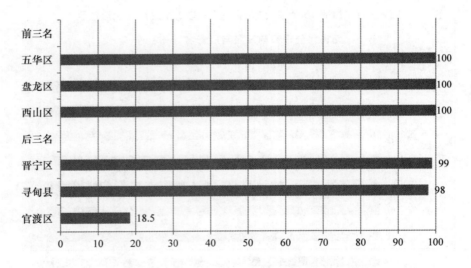

图 5-46　昆明 16 个县（市）区、开发（度假）区县城声环境功能区
夜间监测总点次达标率排在前三名与后三名

### 5. 有无劣于Ⅴ类水体（有 = 0/无 = 1）

　　昆明 15 个县区（宜良县没有数据）无劣于Ⅴ类水体呈现不均衡的状态。五华区、盘龙区、东川区、晋宁区、安宁市、石林县、禄劝县、经开区、阳宗海风

景区均为无；官渡区、西山区、呈贡区、富民县、嵩
明县、寻甸县均为有（见图 5 - 47）。

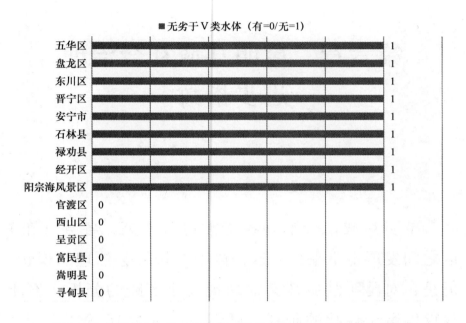

图 5 - 47　昆明 16 个县（市）区、开发（度假）区无劣于 V 类水体

# 第六章  昆明县域社会治理
## 进步指数

昆明县域社会治理各指数得分不高，各县（市）区之间发展也不平衡，这是昆明县域社会治理的现状。但是，对昆明县域社会治理现代化实践的分析，不能仅仅停留于现状的研判，还必须通过对 16 个县（市）区、开发（度假）区进步指数的分析，研判各县（市）区社会治理现代化的实践趋势。

## 一　昆明县域社会治理综合进步指数

昆明 16 个县（市）区、开发（度假）区社会治理综合指数均呈进步趋势，只是进步的程度不同（见表 6 - 1、图 6 - 1）。

表6-1　　　　　2017—2019年昆明县域社会治理综合进步指数

| 昆明下辖县（市）区 | 社会治理综合指数百分制得分（分） | | | 进步指数（相对于2017年的增长百分比） | |
| --- | --- | --- | --- | --- | --- |
| | 2017年 | 2018年 | 2019年 | 2018年 | 2019年 |
| 五华区 | 86.46 | 88.14 | 90.47 | 1.94% | 4.64% |
| 盘龙区 | 79.59 | 80.99 | 82.17 | 1.76% | 3.24% |
| 官渡区 | 82.13 | 83.37 | 84.64 | 1.51% | 3.06% |
| 西山区 | 80.46 | 82.09 | 82.78 | 2.03% | 2.88% |
| 呈贡区 | 75.72 | 76.98 | 78.62 | 1.66% | 3.83% |
| 东川区 | 68.34 | 68.54 | 69.62 | 0.29% | 1.87% |
| 晋宁区 | 72.01 | 73.15 | 74.28 | 1.58% | 3.15% |
| 安宁市 | 76.43 | 77.05 | 78.26 | 0.81% | 2.39% |
| 富民县 | 69.94 | 71.4 | 72.51 | 2.09% | 3.67% |
| 宜良县 | 70.80 | 72.79 | 75.31 | 2.81% | 6.37% |
| 嵩明县 | 69.52 | 71.02 | 73.09 | 2.16% | 5.14% |
| 石林县 | 71.94 | 72.84 | 73.69 | 1.25% | 2.43% |
| 禄劝县 | 69.16 | 70.58 | 71.45 | 2.05% | 3.31% |
| 寻甸县 | 66.62 | 69.92 | 70.82 | 4.95% | 6.30% |
| 经开区 | 72.74 | 73.78 | 74.95 | 1.43% | 3.04% |
| 阳宗海风景区 | 67.82 | 68.74 | 70.34 | 1.36% | 3.72% |

2017—2019年昆明县域社会治理综合进步指数排名前三的是：宜良县，6.37%；寻甸县，6.30%；嵩明县，5.14%。排名后三的是：石林县，2.43%；安宁市；2.39%，东川区，1.87%（见图6-2）。

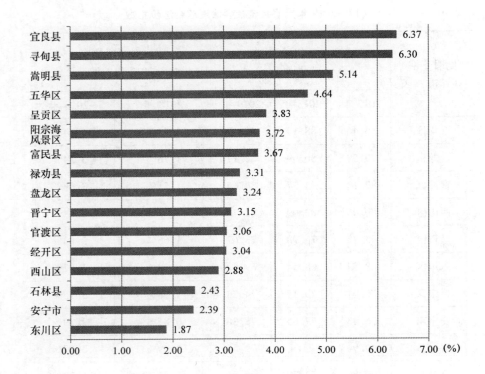

图 6 - 1　2017—2019 年昆明县域社会治理综合进步指数

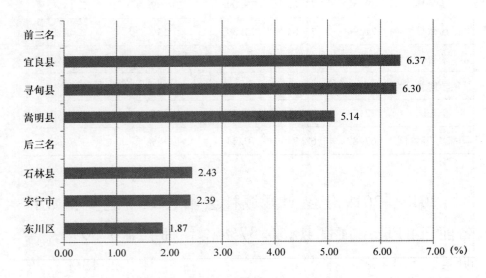

图 6 - 2　2017—2019 年昆明县域社会治理综合进步指数排名前三名与后三名

宜良县社会治理综合指数 2017 年为 70.80，2018 年为 72.79，2019 年为 75.31，呈现逐年递增的趋势。相对于 2017 年宜良县社会治理进步指数 2018 年为 2.81%，2019 年为 6.37%，逐年进步明显。

寻甸县社会治理综合指数 2017 年为 66.62，2018 年为 69.92，2019 年为 70.82，逐年递增。相对于 2017 年寻甸县社会治理进步指数 2018 年为 4.95%，2019 年为 6.30%，呈现逐年进步的态势。

嵩明县社会治理综合指数 2017 年为 69.52，2018 年为 71.02，2019 年为 73.09。相对于 2017 年嵩明县社会治理进步指数 2018 年为 2.16%，2019 年为 5.14%，进步明显。

五华区社会治理综合指数 2017 年为 86.46，2018 年为 88.14，2019 年为 90.47，呈现逐年递增的趋势。相对于 2017 年五华区社会治理进步指数 2018 年为 1.94%，2019 年为 4.64%，逐年进步明显。

呈贡区社会治理综合指数 2017 年为 75.72，2018 年为 76.98，2019 年为 78.62，呈现逐年递增的趋势。相对于 2017 年呈贡区社会治理进步指数 2018 年为 1.66%，2019 年为 3.83%，逐年缓慢进步。

寻甸县在推进乡村振兴战略中，以党建引领社会治理，通过坚持以群众为中心，建强基层党组织战斗堡垒，扭住党组织引领和群众参与"牛鼻子"，注重自治、法治、德治同步提升，形成了村党组织统揽全局、民生保障先行、社会协同推进、群众主动参与、法治保障到位的农村社会治理格局。一是"党建＋"练强领头雁。构建"1＋6＋N"网格统揽社会治理全局。坚持村党总支集体领导，把6个村民小组划分为6个责任片区，党总支班子成员分片带头包干"N"项工作，将任务分解细化，责任落实到人。抓住"两个关键"夯实社会治理基础。乡镇内跨区域选准配强党总支书记，坚持村民推选和组织遴选相结合选好村民小组长，精挑细选村组"领头雁"，打牢基层干部队伍基础。二是"保障＋"倍增自治能力。提升公共服务改善服务水平。建立为民服务登记销号制度，群众诉求逐项登记，带班村组干部全程跟办，村监委会定期督办，逐项销号，限时办结。落细落实就医、就学、就业惠民政策，村党总支与县乡职能部门协调联动，定期巡检惠民政策执行情况，让惠民政策一抓到底。三是"调解＋"实现定分止争。邻里互劝化解纠纷隐患。邻里小矛盾发生时，村组党员干部主动引导，邻里间互劝互谅，"春风化雨"化解纠纷隐患。乡贤讲理辨明是非。将在村老干部、老长辈等组织起来，成立乡贤理事会，对矛盾纠纷当事人晓之以理、动之以情，公平公正评定是非、化解纠纷。调解介入解决纠纷。配强治安调解员和社会治理网格员，及时回应群众诉求，第一时间现场调解矛盾纠纷，做到了纠纷调解不出村。整合公安、司法等执法资源，开展巡回法庭依法公开裁定民事纠纷，以案释法教育引导群众。①

## 二　昆明县域"社会活力"进步指数

### （一）"社会活力"进步指数得分排名

2019年，昆明县域"社会活力"进步指数整体呈现进步的良好趋势。但是各县（市）区"社会活力"进步指数分布呈现了不均衡，"社会活力"进步指数按照从大到小的顺序依次为嵩明县为8.64%，寻甸县为8.43%，晋宁区为8.12%，富民县为8.08%，呈贡区为7.34%，阳宗海风景区为6.91%，安宁市为6.83%，盘龙区为6.73%，官渡区为6.66%，禄劝县为6.63%，石林县为6.60%，宜良县为6.55%，五华区为6.22%，经开区为6.10%，西山区为5.38%，东川区为3.28%。第一名嵩明县与最后一名东川区相差5.36%（见表6-2、图6-3）。

---

① 《寻甸县进一步推进农村社会治理体系建设》，大美寻甸，2019-07-25。

表 6 - 2　2017—2019 年昆明县域"社会活力"指数百分制得分和进步指数

| 昆明下辖县（市）区 | "社会活力"指数百分制得分（%） | | | 进步指数（相对于 2017 年的增长百分比） | |
|---|---|---|---|---|---|
| | 2017 年 | 2018 年 | 2019 年 | 2018 年 | 2019 年 |
| 五华区 | 85.34 | 87.57 | 90.65 | 2.61% | 6.22% |
| 盘龙区 | 80.51 | 83.46 | 85.93 | 3.66% | 6.73% |
| 官渡区 | 84.33 | 87.19 | 89.95 | 3.39% | 6.66% |
| 西山区 | 80.3 | 83.32 | 84.62 | 3.76% | 5.38% |
| 呈贡区 | 73.16 | 75.74 | 78.53 | 3.53% | 7.34% |
| 东川区 | 60.05 | 59.81 | 62.02 | - 0.40% | 3.28% |
| 晋宁区 | 69.54 | 72.05 | 75.19 | 3.61% | 8.12% |
| 安宁市 | 76.09 | 78.79 | 81.29 | 3.55% | 6.83% |
| 富民县 | 66.05 | 68.7 | 71.39 | 4.01% | 8.08% |
| 宜良县 | 67.64 | 69.72 | 72.07 | 3.08% | 6.55% |
| 嵩明县 | 65.03 | 67.85 | 70.65 | 4.34% | 8.64% |
| 石林县 | 68.74 | 70.95 | 73.28 | 3.22% | 6.60% |
| 禄劝县 | 60.76 | 62.74 | 64.79 | 3.26% | 6.63% |
| 寻甸县 | 58.98 | 61.62 | 63.95 | 4.48% | 8.43% |
| 经开区 | 73.61 | 75.91 | 78.1 | 3.12% | 6.10% |
| 阳宗海风景区 | 67.77 | 70.07 | 72.45 | 3.39% | 6.91% |

## （二）"社会活力"进步指数前三名与后三名

2019 年昆明县域"社会活力"进步指数居于前三的是嵩明县 8.64%、寻甸县 8.43%、晋宁区 8.12%。2019 年昆明县域"社会活力"进步指数居于后三的是经开区为 6.10%、西山区为 5.38%、东川区为 3.28%（见图 6 - 4）。

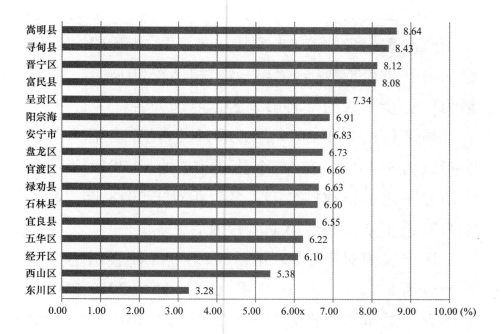

图 6 - 3　2017—2019 年昆明县域"社会活力"进步指数排名

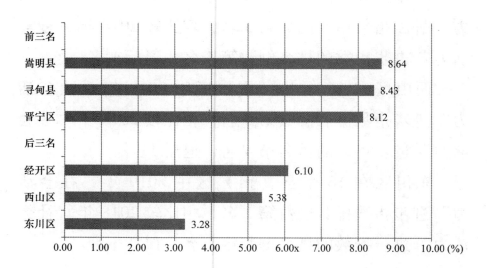

图 6 - 4　2017—2019 年昆明县域"社会活力"进步指数排名前三名与后三名

嵩明县相对于 2017 年，2019 年"社会活力"进步指数为 8.64%。在 16 个县（市）区中 2019 年"社会活力"进步指数排名第 1 名，相比较 2018 年"社会活力"进步指数的排名第 2 名，前进 1 名。

寻甸县相对于 2017 年，2019 年"社会活力"进步指数为 8.43%。在 16 个县（市）区中 2019 年"社会活力"进步指数排名第 2 名，相对于 2018 年"社会活力"进步指数排名第 1 名，退后 1 名。

晋宁区相对于 2017 年，2019 年"社会活力"进步指数为 8.12%。在 16 个县（市）区中 2019 年"社会活力"进步指数排名第 3 名，相比较 2018 年"社会活力"进步指数的排名第 6 名，前进了 3 名。

经开区在 16 个县（市）区中 2019 年"社会活力"进步指数排名倒数第 3 名，相比较 2018 年"社会活力"进步指数的排名倒数第 4 名，退后 1 名。

西山区在 16 个县（市）区中 2019 年"社会活力"进步指数排名倒数第 2 名，相比较 2018 年"社会活力"进步指数的排名第 4 名，退后 11 名。

东川区在 16 个县（市）区中 2019 年"社会活力"进步指数排名倒数第 1 名，相比较 2018 年"社会活力"进步指数的排名倒数第 1 名，保持不变。

# 三　昆明县域"社会服务"进步指数

## （一）"社会服务"进步指数得分排名

2019 年昆明县域"社会服务"进步指数绝大部分呈进步的良好趋势。但是各县（市）区"社会服务"进步指数有升有降，分布呈现了不均衡。"社会服务"进步指数按照从大到小的顺序依次为五华区为 10.98%，禄劝县为 8.04%，宜良县为 5.94%，寻甸县为 4.49%，呈贡区为 3.83%，西山区为 2.65%，富民县为 1.22%，盘龙区为 0.94%，晋宁区为 0.70%，经开区为 0.69%，安宁市为 0.62%，嵩明县为 0.56%，官渡区为 0.41%，石林县为 0，东川区 -0.05%，阳宗海风景区为 -0.32%。第一名五华区与最后一名阳宗海风景区相差 11.30%（见表 6-3、图 6-5）。

表 6-3　2017 年、2018 年、2019 年昆明县域"社会服务"指数

百分制得分和进步指数

| 昆明下辖县（市）区 | "社会服务"指数百分制得分（%） | | | 进步指数（相对于 2017 年的增长百分比） | |
|---|---|---|---|---|---|
| | 2017 年 | 2018 年 | 2019 年 | 2018 年 | 2019 年 |
| 五华区 | 84.8 | 87.78 | 94.11 | 3.51% | 10.98% |
| 盘龙区 | 66.06 | 66.36 | 66.68 | 0.45% | 0.94% |
| 官渡区 | 68.04 | 68.11 | 68.32 | 0.10% | 0.41% |
| 西山区 | 69.9 | 71.29 | 71.75 | 1.99% | 2.65% |

续表

| 昆明下辖县（市）区 | "社会服务"指数百分制得分（分） | | | 进步指数（相对于2017年的增长百分比） | |
|---|---|---|---|---|---|
| | 2017年 | 2018年 | 2019年 | 2018年 | 2019年 |
| 呈贡区 | 60.84 | 61.56 | 63.17 | 1.18% | 3.83% |
| 东川区 | 60.81 | 60.76 | 60.78 | -0.08% | -0.05% |
| 晋宁区 | 60.09 | 60.54 | 60.51 | 0.75% | 0.70% |
| 安宁市 | 63.17 | 63.2 | 63.56 | 0.05% | 0.62% |
| 富民县 | 60.08 | 60.59 | 60.81 | 0.85% | 1.22% |
| 宜良县 | 75.29 | 77.69 | 79.76 | 3.19% | 5.94% |
| 嵩明县 | 62.41 | 62.65 | 62.76 | 0.38% | 0.56% |
| 石林县 | 60.43 | 60.47 | 60.43 | 0.07% | 0.00% |
| 禄劝县 | 63.17 | 68.27 | 68.25 | 8.07% | 8.04% |
| 寻甸县 | 62.87 | 65.49 | 65.69 | 4.17% | 4.49% |
| 经开区 | 56.31 | 56.47 | 56.7 | 0.28% | 0.69% |
| 阳宗海风景区 | 56.96 | 56.86 | 56.78 | -0.18% | -0.32% |

## （二）"社会服务"进步指数前三名与后三名

2019年昆明县域"社会服务"进步指数居于前三的是五华区10.98%、禄劝县8.04%、宜良县5.94%。

2019年昆明县域"社会服务"进步指数居于后三的是石林县0、东川区-0.05%、阳宗海风景区-0.32%（见图6-6）。

五华区相对于2017年，2019年"社会服务"进步指数为10.98%，排名第1名。相比较2018年"社会服务"进步指数的排名第3名，前进了2名。

禄劝县相对于2017年，2019年"社会服务"进

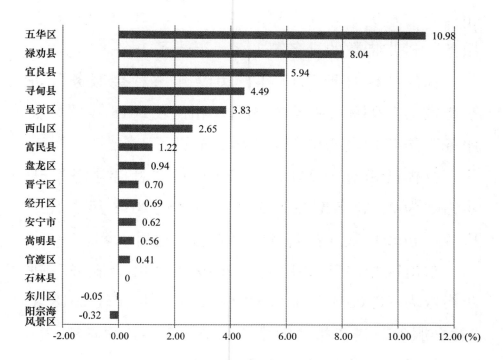

图 6 - 5 2017—2019 年昆明县域"社会服务"进步指数排名

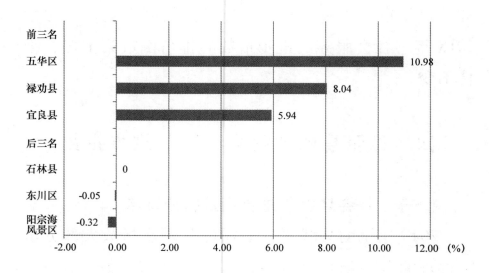

图 6 - 6 2017—2019 年昆明县域"社会服务"进步指数前三名与后三名

步指数为8.04%，排名第2名。相比较2018年"社会服务"进步指数的排名第1名，退步了1名。

宜良县相对于2017年，2019年"社会服务"进步指数为5.94%，排名第3名。相比较2018年"社会服务"进步指数的排名第4名，前进了1名。

石林县相对于2017年，2019年"社会服务"进步指数为0，排名倒数第3名，相比较2018年"社会服务"进步指数的排名倒数第4名，退后1名。

东川区相对于2017年，2019年"社会服务"进步指数为-0.05%，排名倒数第2名，相比较2018年"社会服务"进步指数的排名倒数第2名，两者持平。

阳宗海风景区相对于2017年，2019年"社会服务"进步指数为-0.32%，排名倒数第1名，相比较2018年"社会服务"进步指数的排名倒数第1名，维持不变。

## 四　昆明县域"社会环境"进步指数

### （一）"社会环境"进步指数得分排名

2019年昆明县域"社会环境"进步指数大部分呈现进步的良好趋势。但是各县（市）区"社会环境"进步指数分布呈现了不均衡，各县（市）区"社会环境"进步指数按照从大到小的顺序依次为嵩明县为

8.02%，阳宗海风景区为7.42%，寻甸县为6.42%，富民县为2.44%，经开区为1.61%，东川区为1.35%，宜良县为1.20%，五华区为0.78%，盘龙区为0.63%，禄劝县为0.35%，官渡区为0.13%，西山区为0.11%，呈贡区为0.03%，石林县为-0.05%，晋宁区为-0.72%，安宁市为-2.93%。第一名嵩明县与最后一名安宁市相差10.95%（见表6-4、图6-7）。

表6-4　2017—2019年昆明县域"社会环境"指数百分制得分和进步指数

| 昆明下辖县（市）区 | "社会环境"指数百分制得分（分） | | | 进步指数（相对于2017年的增长百分比） | |
|---|---|---|---|---|---|
| | 2017年 | 2018年 | 2019年 | 2018年 | 2019年 |
| 五华区 | 80.71 | 80.99 | 81.34 | 0.35% | 0.78% |
| 盘龙区 | 83.47 | 83.77 | 84 | 0.36% | 0.63% |
| 官渡区 | 84 | 84.06 | 84.11 | 0.07% | 0.13% |
| 西山区 | 80.25 | 80.36 | 80.34 | 0.14% | 0.11% |
| 呈贡区 | 89.59 | 89.64 | 89.62 | 0.06% | 0.03% |
| 东川区 | 78.54 | 79.02 | 79.6 | 0.61% | 1.35% |
| 晋宁区 | 78.86 | 79.15 | 78.29 | 0.37% | -0.72% |
| 安宁市 | 83.57 | 80.79 | 81.12 | -3.33% | -2.93% |
| 富民县 | 76.95 | 78.84 | 78.83 | 2.46% | 2.44% |
| 宜良县 | 78.61 | 79.25 | 79.55 | 0.81% | 1.20% |
| 嵩明县 | 74.68 | 76.12 | 80.67 | 1.93% | 8.02% |
| 石林县 | 79.39 | 79.51 | 79.35 | 0.15% | -0.05% |
| 禄劝县 | 79.36 | 79.5 | 79.64 | 0.18% | 0.35% |
| 寻甸县 | 71.13 | 75.65 | 75.7 | 6.35% | 6.42% |
| 经开区 | 79.96 | 80.28 | 81.25 | 0.40% | 1.61% |
| 阳宗海风景区 | 64.03 | 64.09 | 68.78 | 0.09% | 7.42% |

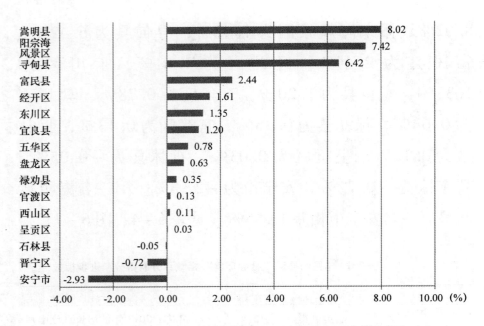

图6-7　2017—2019年昆明县域"社会环境"进步指数排名

## （二）"社会环境"进步指数前三名与后三名

2019年昆明县域"社会环境"进步指数居于前三的是嵩明县8.02%、阳宗海风景区7.42%、寻甸县6.42%。

2019年昆明县域"社会环境"进步指数居于后三的是石林县-0.05%、晋宁区-0.72%、安宁市-2.93%（见图6-8）。

嵩明县相对于2017年，2019年"社会环境"进步指数为8.02%，排名第1名。相比较2018年"社会环境"进步指数排名第3名，前进了2名。

阳宗海风景区相对于2017年，2019年"社会环境"进步指数为7.42%，排名第2名。相比较2018年

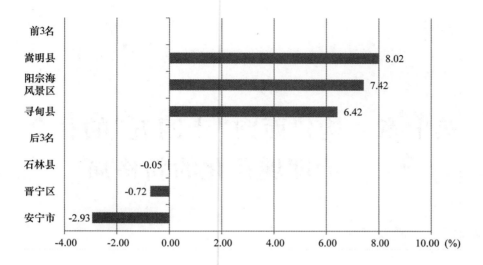

图 6 - 8　2017—2019 年昆明县域"社会环境"进步指数前三名与后三名

"社会环境"进步指数排名第 13 名，前进了 11 名。

寻甸县相对于 2017 年，2019 年"社会环境"进步指数为 6.42%，排名第 3 名，相比较 2018 年"社会环境"进步指数排名第 1 名，退步了 2 名。

石林县相对于 2017 年，2019 年"社会环境"进步指数为 - 0.05%，排名倒数第 3 名。相比较 2018 年"社会环境"进步指数排名倒数第 6 名，退步了 3 名。

晋宁区相对于 2017 年，2019 年"社会环境"进步指数为 - 0.72%，排名倒数第 2 名。相比较 2018 年"社会环境"进步指数排名倒数第 10 名，退步了 8 名。

安宁市相对于 2017 年，2019 年"社会环境"进步指数为 - 2.93%，排名倒数第 1 名。相比较 2018 年"社会环境"进步指数排名倒数第 1 名，两者持平。

# 第七章　构建面向"十四五"的社会治理现代化的新格局

对昆明市域（县域）社会治理现代化实践的研究与评估，不仅是为了反思昆明市域（县域）社会治理现代化实践的新特点、新水平，而且为了立足现状，面向"十四五"，以新发展理念构建新时代昆明市域（县域）社会治理现代化的新格局。

## 一　面向"十四五"反思昆明社会治理现代化的新变动

党的十九届五中全会通过的《中共中央关于制定国民经济和社会发展第十四个五年规划和二〇三五年远景目标的建议》，开启了全面建设社会主义现代化国家的新征程。昆明要在全面建设社会主义现代化国家进程中，不断深化市域（县域）社会治理的现代化，首先就要面向"十四五"反思并把握昆明市域（县域）社会治理现代化指数的新变动，进而形成构建昆明市域（县域）社会治理现代化格局的新思路。

## （一）反思昆明市域（县域）社会治理现代化指数的新变动

为了更好地面向"十四五"构建昆明市域社会治理现代化新格局，这里先对 2020 年昆明市域（县域）社会治理现代化指数的新变动作一个分析。

1. 市域社会治理综合指数及分指数均呈上升趋势

2017—2019 年间，昆明市域社会治理综合指数呈稳步上升趋势。以 2017 年为基数进行比较，2018 年社会治理综合指数得分为 81.03 分，比 2017 年的 80.78 分提高了 0.25 分；2019 年社会治理综合指数得分为 81.46 分，比 2017 年提高了 0.68 分。2017—2019 年昆明市域社会治理综合指数增长幅度为 0.84%（见图 7-1）。这个增长趋势反映了昆明市委、市政府高度重视市域社会治理的现代化，以创新城乡社区治理为抓手，推进构建共建共治共享社会治理格局所取得的成效。

昆明的市域社会治理 3 个分指数得分如下："社会活力"分指数得分 2017 年为 79.39 分、2018 年为

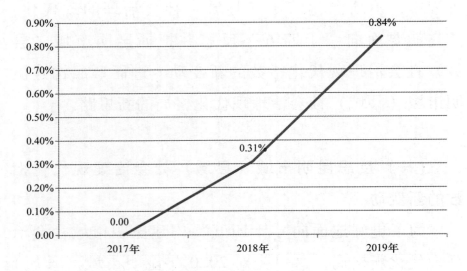

**图 7 - 1　社会治理综合指数增长率**

80.23 分、2019 年为 81.94 分；2017—2019 年，"社会活力"指数增长幅度为 3.22%（见图 7 - 2）。

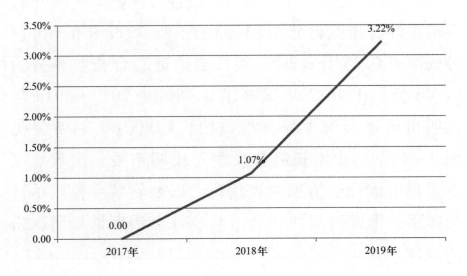

**图 7 - 2　社会活力进步指数增长率**

昆明的"社会服务"分指数得分 2017 年为 79.37
分、2018 年为 82.53 分，2019 年为 83.95 分；2017—
2019 年，"社会服务"分指数增长幅度为 5.76%（见
图 7-3）。

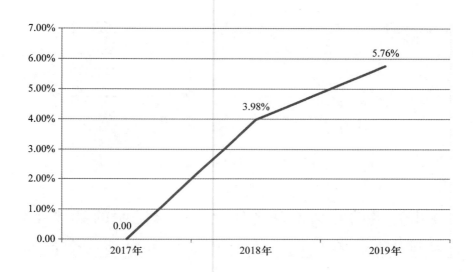

图 7-3　社会服务进步指数增长率

　　昆明的"社会环境"分指数 2017 年得分为 79.84
分、2018 年为 80.08 分、2019 年为 80.18 分；2017—
2019 年，社会环境分指数增长幅度为 0.43%（见
图 7-4）。"社会环境"分指数的增长幅度不到
0.5%，也反映了昆明在"社会环境"方面的短板。

　　2. 开创了县域社会治理综合指数研究的新领域

　　党的十九届五中全会、国家"十四五"规划都强
调要加强"市域社会治理现代化"，大城市、特大型
城市的"市域社会治理现代化"，它的基础就是下辖

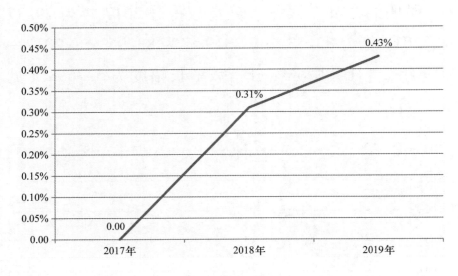

图 7 - 4　社会环境指数增长率

县（市）区的社会治理现代化。探索昆明的县域社会治理现代化，在昆明、云南乃至全国均是一个首创。所以对昆明的县域社会治理现代化的反思，是为了进一步推进县域社会治理现代化新格局的构建。

　　从 2020 年昆明县域社会治理现代化综合指数得分看，一是昆明县域社会治理现代化水平不高。根据对昆明 16 个县（市）区、开发（度假）区提供的 2019 年有关 21 个指标数据的计算分析，2019 年昆明县域社会治理现代化综合指数得分为 76.65 分，还未达到 80 分的水平；二是昆明县域社会治理现代化实践水平差距较大。16 个县（市）区分为 3 个梯队：第 1 梯队 80 分以上，有 4 个县（市）区；第 2 梯队 70 分以上，有 11 个县（市）区；第 3 梯队 60 分以上，有 1 个县

（市）区（见图 7 – 5）。第 1 名与最后 1 名得分相差
20. 85 分。三是分析昆明 16 个县（市）区的综合进步
指数以及 3 类分指数的进步指数，以动态地反映 16 个
县（市）区社会治理的现状及其走势。

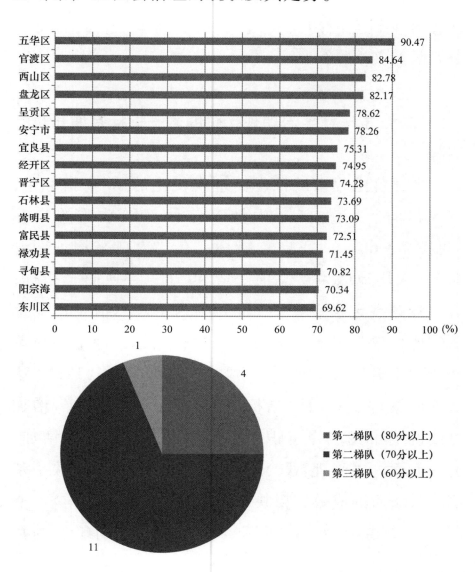

图 7 – 5　16 个县（市）区得分情况

对昆明县域社会治理现代化指数的分析研究，虽还不够成熟，但却具有开创性的意义。因为全中国有2000个左右县（市），对县（市）社会治理现代化的研究与评价，对于国家治理体系和治理能力现代化的任务落实到全国的县（市），落实到基层，具有至关重要的意义。

### （二）　市域社会治理现代化的若干指标有增长也有下降

在评价昆明市域社会治理现代化的46个指标中，有"正向""逆向""中性"三种不同性质的指标（见图7-6）。"正向"指标：有"人口平均预期寿命""人均地区生产总值"等40个；"逆向"指标：有"城镇登记失业率""亿元国内生产总值生产安全事故死亡率"等5个；有1个中性指标，即不能简单地从"上升"或"下降"判断其好坏，如"12348法律援助案件受理数"指标，一方面，"受理数"增加可以说明市民法律意识增强，请求援助数量的增加；另一方面，"受理数"下降，也从一个侧面反映了基层化解矛盾的成效，反映了社会的和谐程度。

46个指标中，由于不少指标缺少个别年份的数据，所以分以下四个方面统计。

一是缺少部分年份的指标共有7个，其中仅有

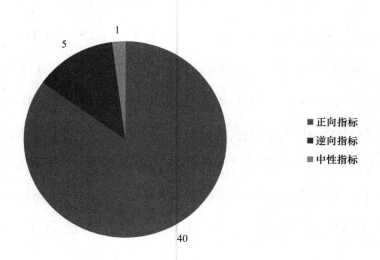

**图 7 - 6　昆明市域社会治理现代化的指标构成**

2017—2018 年数据的指标共有 4 个，仅有 2018—2019 年数据的指标 1 个，仅有 2019 年数据的指标 2 个。正增长的指标有"人均地区生产总值（GDP）""社会服务事业费占财政地方一般预算支出的比重""已成立业委会小区占符合成立条件小区比例" 3 个指标，下降的指标有"保障性住房基本建成面积占住宅竣工面积的比重"，"城镇污水集中处理率"保持不变。

二是 2017—2019 年正增长或无变化的指标，共有"人口平均预期寿命""常住人口城镇化率""城镇居民人均可支配收入""每万人拥有社会组织数量"等 20 个指标。

三是 2017—2019 年有增有降或连续下降的指标有

13 个，其中 2019 年数据低于 2018 年的指标有 8 个：（1）"每万人拥有群众文化设施建筑面积"，2019 年比 2018 年下降了 34.33 平方米；（2）"每千人口医疗卫生机构床位数"，2019 年比 2018 年减少了 0.01 张；（3）"每千老年人口床位数"，2019 年比 2018 年减少了 14 张；（4）"工会建会率"，2018 年与 2017 年持平，2019 年比 2018 年下降 7.16%；（5）"高级技能人才占技能劳动者比重"，2019 年、2018 年比 2017 年均减少了 0.21%；（6）"人均公园绿地面积"，2019 年比 2018 年减少 0.4 平方米；（7）"全年空气优良率"，2019 年比 2018 年下降 0.9%；（8）"民间纠纷调解成功率"，2018 年比 2017 年下降 0.05%，2019 年比 2018 年下降 0.14%。

四是 2017—2019 年，5 个"逆向"指标本应持续下降，结果有的持续上升，有的有升有降：（1）"城镇登记失业率"，2018 年比 2017 年上升 3.0%；2019 年比 2017 年上升 14.67%，登记失业率的连续上升，反映了昆明就业形势仍面临一定的挑战；（2）"实有人口万人报警类 110 警情数"，2018 年比 2017 年下降了 3.66%，但是，2019 年又有所上升，2019 年比 2017 年上升了 0.10%；（3）"亿元国内生产总值安全事故死亡率"，2018 年比 2017 年下降了 11.11%；2019 年比 2017 年下降了 55.56%。这反映了昆明在发展生产的过程中，由于安全法制的不断健全和政府监管力度的加大，昆明的安全生产在不断加强和改进的绩效；（4）"一般程序交通事故"，2018 年比 2017 年增加了 10.63%，2019 年虽然有所下降，但还是比 2017 年增加了 8.39%；（5）"新增重复信访率"，2018 年比 2017 年上升了 10.0%；2019 年比 2017 年下降了 103.80%。

## 二　面向"十四五"巩固昆明社会治理现代化的优势

根据国家"十四五"规划关于"加强和创新市域社会治理，推进市域社会治理现代化"的任务，通过对昆明市域社会治理 46 个指标与全国以及省会和西南主要城市的比较，巩固昆明市域社会治理现代化的优势，推进昆明市域（县域）社会治理现代化格局的构建。

### （一）昆明高于全国社会治理平均值的正向指标

截至 2019 年，在昆明市域社会治理的 46 个评价指标中，有 11 个正向指标高于全国平均值，以下是具体的比较分析。

1. 居民平均预期寿命（岁）

国家卫生健康委员会发布2017—2019年的《我国卫生健康事业发展统计公报》报告显示，2017年，我国居民人均预期寿命由2016年的76.5岁提高到76.7岁。2017年昆明市居民平均预期寿命为78.96岁，昆明市居民主要健康指标总体上优于国家平均水平；

2018年，我国居民人均预期寿命由2017年的76.7岁提高到2018年的77.0岁。2018年昆明市居民平均预期寿命为79.01岁。

2019年我国居民人均预期寿命由2018年的77.0岁提高到2019年的77.3岁，2019年昆明市居民平均预期寿命为79.41岁，高出全国人均预期寿命2.11岁（见图7-7）。

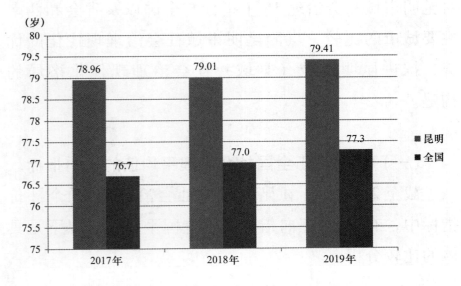

图7-7 2017—2019年昆明与全国居民人均预期寿命的比较

根据《国家人口发展规划（2016—2030 年)》中有关全国"人口平均预期寿命"的目标，到 2030 年达到 79 岁。昆明在 2019 年就已达到了 79.41 岁，2017—2019 年，年均增长 0.23 岁左右，预测昆明的人均预期寿命到 2030 年应该达到 81.66 岁左右。

2. 常住人口城镇化率（%）

《中华人民共和国 2017 年国民经济和社会发展统计公报》显示，2017 年年末全国大陆地区总人口139008 万人，比上年年末增加 737 万人，其中城镇常住人口 81347 万人，常住人口平均城镇化率为58.52%，比上年年末提高 1.17 个百分点。昆明市2017 年"城市常住人口城镇化率"为 72.05%，比全国高出 13.53 个百分点。这说明昆明的城镇化率已达到了较高的水平。

国家统计局公布的数据显示，2018 年年末全国常住人口城镇化率为 59.58%，比上一年提升 1.06 个百分点。根据地方统计部门公布的数据梳理发现，31 个省（自治区、直辖市）中，有 14 个省份超过 59.58%的国家平均水平，有 10 个省份在 55% 以下。昆明市2018 年"城市常住人口城镇化率"为 72.85%，高于全国平均常住人口城镇化率 13.27 个百分点。显然，昆明市的城镇化率每年都有增长。

2019 年年末全国常住人口平均城镇化率为

60.60%，比上年年末提高 1.02 个百分点。昆明市
2019 年"城市常住人口城镇化率"为 73.6%（见
图 7 - 8），昆明市城镇化质量和水平均稳步提升，城镇
空间格局不断优化，城镇规划、建设和管理水平不断提
高，城镇化体制机制不断完善，城乡面貌焕然一新。

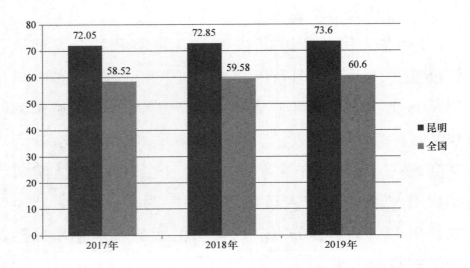

图 7 - 8　2017—2019 年昆明与全国常住人口平均城镇化率的比较

根据《国家人口发展规划（2016—2030 年)》，到
2030 年"常住人口城镇化率"达到 70%。昆明 2019
年已达到 73.6%。昆明的常住人口城镇化率虽然已高
于全国 13.6%，但是，一方面，从农村来的一部分人
虽然已居住在城市里，但并没有很好融入。要推动这
部分人特别是大部分农民工真正融入城市，分享城市
发展的成果；另一方面，还要提升城市居民的生活质
量。随着城市的快速发展，一些城市病凸显，比如交

通拥堵、高房价、环境污染等，一些生活在城市中的中低收入水平群体谋生还比较艰难。此外，城市土地利用还不够科学、城市风貌和城市特色体现还不足，对历史文化的保护还不够等问题，也都需要在城镇化的推进过程中努力解决。

3. 城镇居民人均可支配收入（万元）

2017—2019 年，全国城镇居民人均可支配收入的平均值分别为 3.63962 万元、3.92508 万元、4.23588 万元；昆明的城镇居民人均可支配收入分别为 3.9788 万元、4.2988 万元、4.6289 万元。2017—2019 年昆明的城镇居民人均可支配收入比全国平均值分别高出 0.33918 万元、0.37372 万元、0.39302 万元（见图 7－9）。昆明的城镇居民人均可支配收入 2018 年比 2017 年增长 0.32 万元；2019 年比 2017 年增长 0.6501 万元；2019 年比 2017 年增长了 16.34%。

4. 农村居民人均可支配收入（万元）

2017 年—2019 年，昆明农村居民人均可支配收入分别为：1.3698 万元、1.4895 万元、1.6356 万元；与全国农村居民人均可支配收入的平均值比较，2017 年高出 0.02656 万元、2018 年高出 0.0278 万元、2019 年高出 0.03353 万元（见图 7－10）。

5. 文化事业支出占财政支出比重（%）

2017—2019 年，昆明的"文化事业支出占财政支

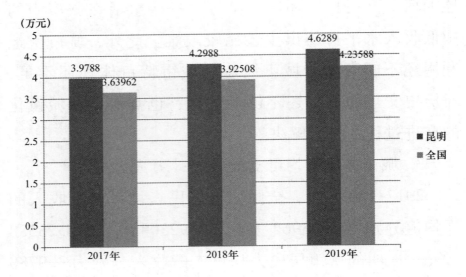

图 7 - 9　2017—2019 昆明与全国城镇居民人均可支配收入的比较

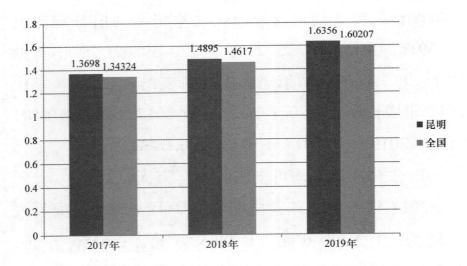

图 7 - 10　2017—2019 年昆明与全国农村居民人均可支配
收入（万元）的比较

出比重"分别为 0.95%、1.06%、1.1%；与全国
"文化事业支出占财政支出比重"的平均值比较，

2017 年高出 0.53%，2018 年高出 0.64%，2019 年高出 0.65%（见图 7 - 11）。

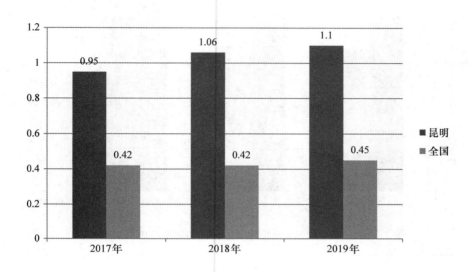

图 7 - 11　2017—2019 年昆明与全国文化事业支出占财政支出

比重（%）的比较

### 6. 人均体育场地面积（平方米）

2017 年—2019 年，昆明的"人均体育场地面积"分别为 2.06 平方米、2.1 平方米、2.23 平方米，与全国"人均体育场地面积"的平均值比较，分别高出 0.4 平方米、0.24 平方米、0.15 平方米（见图 7 - 12）。

### 7. 每千人口医疗卫生机构床位数（张）

2017—2019 年，昆明的"每千人口医疗卫生机构床位数"分别为 8.97 张、9.23 张、9.22 张，与全国"每千人口医疗卫生机构床位数"的平均值比较，分

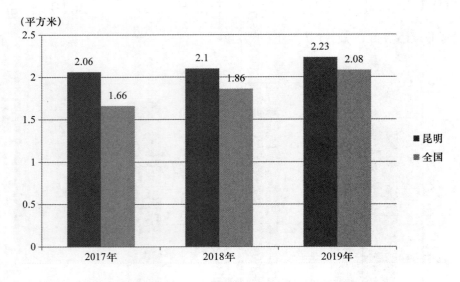

图 7 - 12　2017—2019 年昆明与全国人均体育场地面积的比较

别高出 3. 25 张、3. 2 张、2. 92 张（见图 7 - 13）。

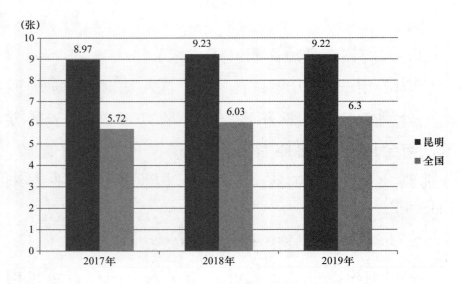

图 7 - 13　2017—2019 年昆明与全国每千人口医疗卫生机构床位数的比较

## 8. 每千人拥有执业医师（人）

2017—2019 年，昆明的"每千人拥有执业医师数"，分别为 4.03 人、4.17 人、4.57 人，比全国"每千人拥有执业医师数"的平均值分别高出 1.59 人、1.58 人、1.8 人（见图 7 - 14）。

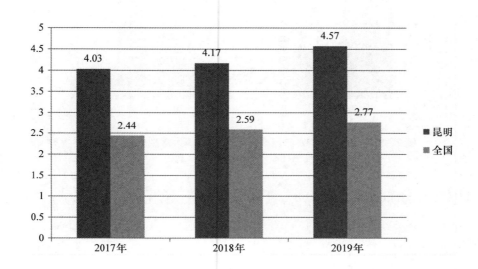

图 7 - 14　2017—2019 年昆明与全国每千人拥有执业医师数（人）的比较

## 9. 城镇污水集中处理率（％）

2017—2018 年，昆明的"城镇污水集中处理率"分别为 95.06％、95.06％，与全国"城镇污水集中处理率"的平均值 92％、93.4％ 比较，分别高出 3.06％、1.66％（见图 7 - 15）。

## 10. 生活垃圾无害化处理率（％）

2017—2019 年，昆明的"生活垃圾无害化处理率"均为 100％；与全国"生活垃圾无害化处理率"平均值

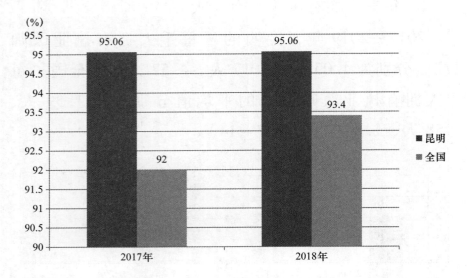

图 7 - 15  2017—2018 年昆明与全国的城镇污水集中处理率比较

比较，分别高了 2.3% 、1% 、0.8% （见图 7 - 16）。

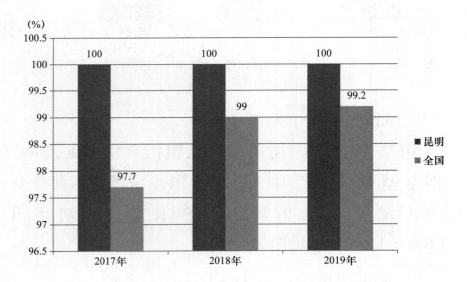

图 7 - 16  2017—2019 年昆明与全国生活垃圾无害化处理率的比较

11. 食品监测抽检合格率（%）

2017 年—2019 年，昆明的"食品监测抽检合格率"分别为 97.99%、97.7%、98.22%，与全国"食品监测抽检合格率"平均值比较，分别高出 0.39%、0.1%、0.62%（见图 7 – 17）。

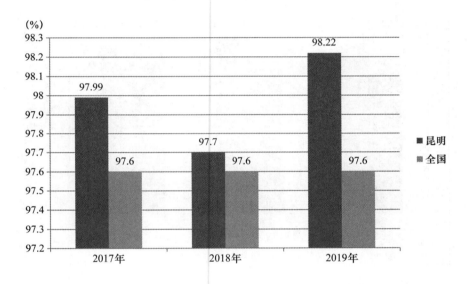

图 7 – 17　2017—2019 年昆明与全国食品监测抽检合格率的比较

## （二）昆明优于全国社会治理平均值的逆向指标

在评价昆明市域社会治理现代化 46 个指标中，有 1 个逆向指标优于全国的平均值。

1. 昆明市城镇登记失业率（%）

根据《中国统计年鉴》的统计，2017—2019 年，全国的"城镇登记失业率"平均值 2017 年为 3.9%，2018 年为 3.8%，2019 年为 3.6%；昆明 2017 年的"城镇登记失业率"为 3%，比全国低 0.9%；2018 年为 3.09%，比全国低 0.71%，2019 年为 3.44%，比全国低 0.16%（见图 7-18）。昆明的城镇登记失业率低于全国平均水平，反映了昆明就业形势的总体稳定、总体向好。

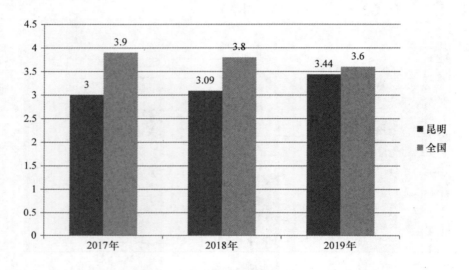

图 7-18　2017—2019 昆明与全国登记失业率（%）的比较

## （三）昆明高于 27 个省会城市社会治理若干指标的平均值的指标

根据数据可采集、可比较的原则，这里将昆明市域社会治理的 46 个评价指标中的 5 个指标与 27 个省会城市作比较，其中高于省会城市平均值的有以下 2 个指标。

1. 城镇居民人均可支配收入（万元）

昆明市 2017 年"城镇居民人均可支配收入"3.9788 万元，27 个省会城市的平均值 3.8691 万元，昆明市较 27 个省会城市平均值高出 0.1097 万元，在

27 个省会城市中排名第 9（见图 7 – 19）。

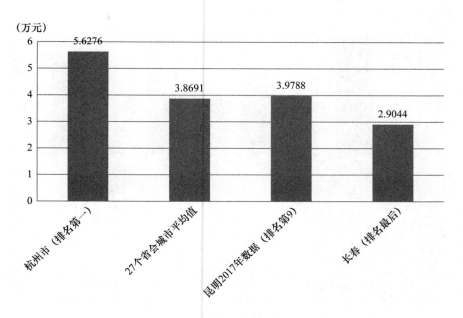

图 7 – 19 2017 年昆明与 27 个省会城市城镇居民人均可支配收入比较

2. 城镇污水集中处理率（%）

昆明市 2017 年"城镇污水集中处理率"95. 06%，27 个省会城市的平均值 94. 50%，昆明市较省会城市平均值高出 0. 56%，在 27 个省会城市中排名第 15（见图 7 – 20）。

**（四）昆明低于 27 个省会城市社会治理平均值的指标**

1. 农村居民人均可支配收入（万元）

昆明市 2017 年"农村居民人均可支配收入"

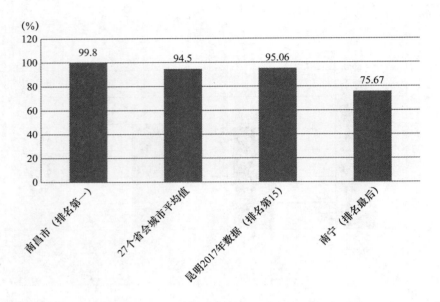

图 7 - 20　2017 年昆明与 27 个省会城市的城镇污水集中处理率的比较

1.3698 万元，27 个省会城市的平均值 1.7186 万元，昆明市较省会城市平均值低 0.3488 万元，在 27 个省会城市中排名第 17（见图 7 - 21）。

2. 教育经费支出（亿元）

昆明市 2017 年"教育经费支出"为 118.17 亿元，27 个省会城市的平均值 138.94 亿元，昆明市较 27 个省会城市平均值低 20.77 亿元，在 27 个省会城市中排名第 15（见图 7 - 22）。

昆明市 2018 年"教育经费支出"为 130.05 亿元，27 个省会城市的平均值 151.95 亿元，昆明市较 27 个省会城市平均值低 20.90 亿元，在 27 个省会城市中排名第 13（见图 7 - 23）。

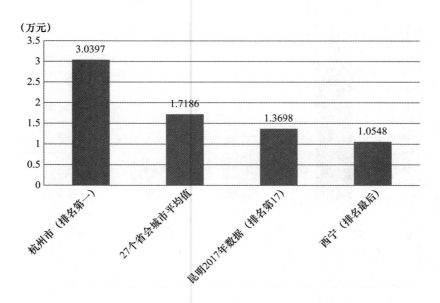

图 7 - 21　昆明与 27 个省会城市农村居民人均可支配收入的比较

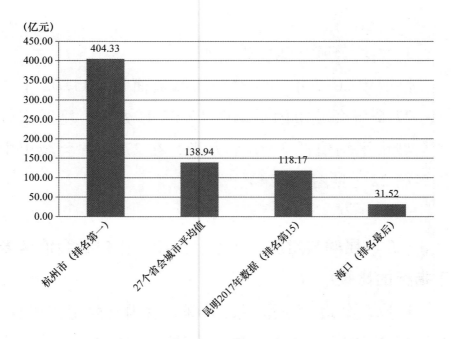

图 7 - 22　2017 年昆明与 27 个省会城市教育经费支出的比较

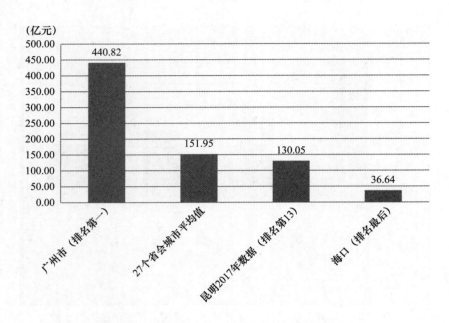

图 7 - 23　2018 年昆明与 27 个省会城市教育经费支出的比较

### 3. 人均公园绿地面积（平方米）

昆明市 2017 年"人均公园绿地面积"11.02 平方米，27 个省会城市的平均值 13.03 平方米，昆明市较省会城市平均值低 2.01 平方米，在 27 个省会城市中排名第 22（见图 7 - 24）。

### （五）昆明与重庆、成都、贵阳、南宁社会治理若干指标的比较

选取 5 个指标与重庆、成都、贵阳、南宁作比较，昆明高于重庆、成都、贵阳、南宁的指标只有以下 1 个。

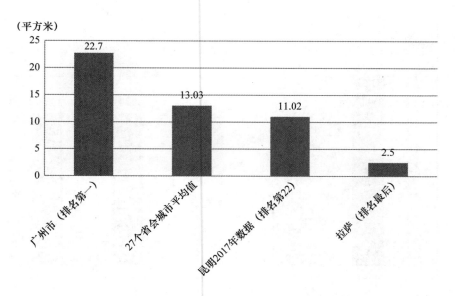

（平方米）

图 7-24　昆明与 27 个省会城市人均公园绿地面积的比较

**1. 城镇居民人均可支配收入（万元）**

昆明市 2017 年"城镇居民人均可支配收入" 3.9788 万元，较成都高出 0.087 万元，较南宁、重庆、贵阳则分别高出 0.6571 万元、0.7595 万元、0.7602 万元（见图 7-25）。

昆明市 2018 年"城镇居民人均可支配收入" 4.2988 万元，较成都高出 0.086 万元，较南宁、贵阳、重庆则分别高出 0.7712 万元、0.7873 万元、0.8099 万元（见图 7-26）。

2019 年，昆明市"城镇居民人均可支配收入" 4.6289 万元，较成都、贵阳、重庆、南宁分别高出 0.0411 万元、0.8049 万元、0.835 万元和 0.8614 万元

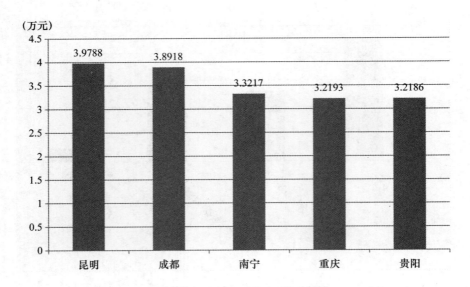

图 7-25    2017 年昆明与成都、南宁、重庆、贵阳城镇居民

人均可支配收入的比较

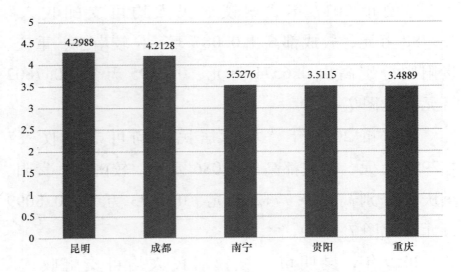

图 7-26    2018 年昆明与成都、南宁、重庆、贵阳城镇居民

人均可支配收入（万元）的比较

（见图 7 - 27）。

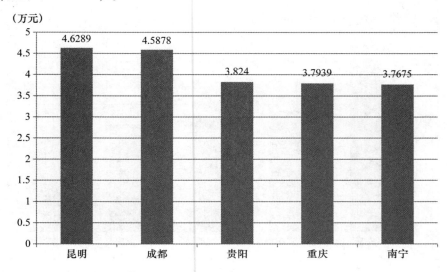

图 7 - 27　2019 年昆明与成都、南宁、重庆、贵阳城镇居民
人均可支配收入的比较

昆明低于成都、贵阳的指标有以下 4 个，个别指标高于成都、贵阳，或高于重庆、南宁。

2. 农村居民人均可支配收入（万元）

昆明市 2017 年"农村居民人均可支配收入" 1.3698 万元，落后于成都、贵阳，较成都低了 0.66 万元；但高于重庆、南宁（见图 7 - 28）。

昆明市 2018 年"农村居民人均可支配收入" 1.4895 万元，落后于成都、贵阳，较成都低了 0.724 万元；但高于重庆、南宁（见图 7 - 29）。

昆明市 2019 年"农村居民人均可支配收入" 1.6356 万元，落后于成都、贵阳，较成都低 0.8001 万元；但高于重庆、南宁（见图 7 - 30）。

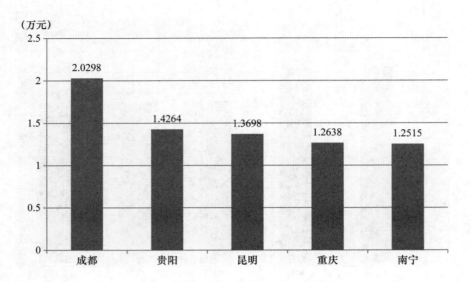

图 7 - 28　2017 年昆明与成都、贵阳、重庆、南宁农村居民
人均可支配收入的比较

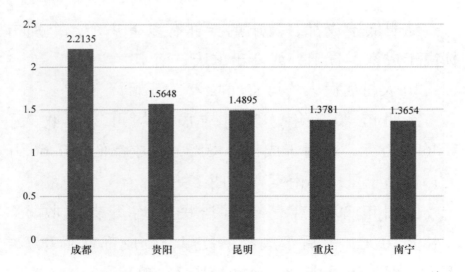

图 7 - 29　2018 年昆明与成都、贵阳、重庆、南宁农村居民
人均可支配收入（万元）的比较

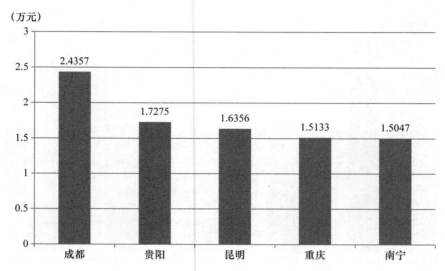

图 7 – 30　2019 年昆明与成都、贵阳、重庆、南宁农村居民
人均可支配收入的比较

### 3. 教育经费支出（亿元）

昆明市 2017 年"教育经费支出"为 118.17 亿元，落后于重庆、成都，较重庆低了 508.13 亿元；但高于贵阳、南宁（见图 7 – 31）。

昆明市 2018 年"教育经费支出"为 130.05 亿元，落后于重庆、成都，较重庆低了 550.94 亿元；但高于贵阳、南宁（见图 7 – 32）。

### 4. 人均公园绿地面积（平方米）

昆明市 2017 年"人均公园绿地面积"11.02 平方米，低于贵阳、重庆、成都、南宁，较贵阳低了 6.68 平方米（见图 7 – 33）。

### 5. 城镇污水集中处理率（%）

昆明市 2017—2018 年"城镇污水集中处理率"均

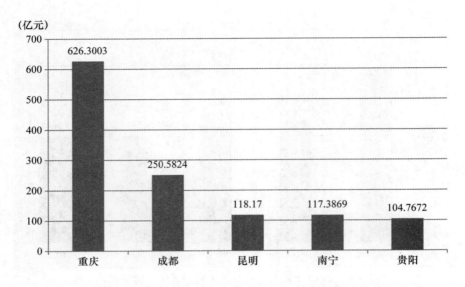

图 7 - 31　2017 年昆明与重庆、成都、贵阳、南宁教育经费支出的比较

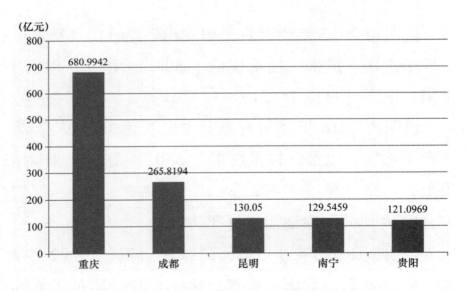

图 7 - 32　2018 年昆明与重庆、成都、贵阳、南宁教育经费支出的比较

为 95.06%，2017 年分别落后于贵阳 2.74%、落后南宁 1.82%、落后重庆 0.42%，但高于成都 0.37%（见

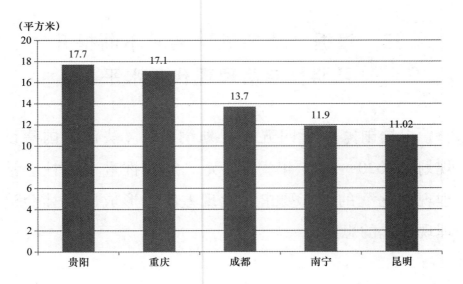

图 7 – 33 2017 年昆明与重庆、成都、贵阳、南宁人均公园绿地面积的比较

图 7 – 34）。

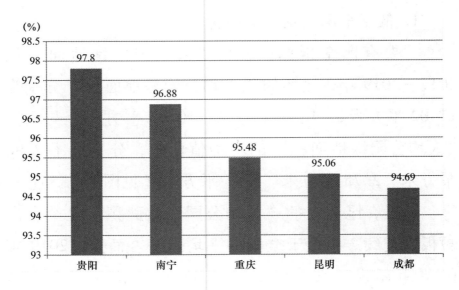

图 7 – 34 2017 年昆明与重庆、成都、贵阳、南宁

城镇污水集中处理率的比较

# 三　根据"十四五"要求不断提升
# 昆明社会治理现代化水平

　　根据国家"十四五"规划纲要、《法治中国建设规划（2020—2025 年）》有关"加快推进市域社会治理现代化"的目标要求，发现差距，形成昆明社会治理现代化的思路。

## （一）昆明市域社会治理现代化若干指标的短板

　　截至 2019 年年底，昆明市域社会治理现代化的短板指标，主要有以下 7 个。

　　1. 低于全国平均值的指标

　　主要有四个指标：一是"人均公园绿地面积"。2017—2019 年，昆明的"人均公园绿地面积"分别为11.02 平方米、11.35 平方米、10.95 平方米，与全国"人均公园绿地面积"的平均值比较，分别低了 2.98平方米、2.75 平方米、3.45 平方米（见图 7 - 35）。

　　显然，昆明市的"人均公园绿地面积"是个突出短板，连续 3 年低于全国的平均水平。而且，2019 年的差距还进一步扩大，比 2018 年又拉大了 0.7 平方米。

　　二是"城市声环境功能区夜间监测总点次达标

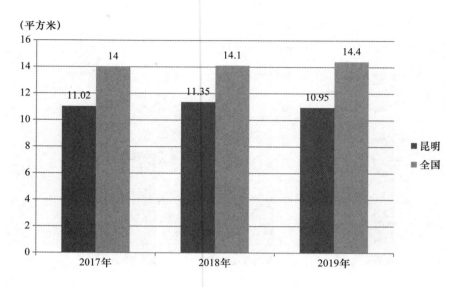

图 7 - 35 2017—2019 年昆明与全国人均公园绿地面积的比较

率"。2017—2019 年，昆明"城市声环境质量：城市声环境功能区夜间监测总点次达标率"分别为 69.9%、62.5%、66.8%，与全国"城市声环境功能区夜间监测总点次达标率"的平均值比较，分别低了 4.1%、11%、7.6%（见图 7 - 36）。

三是每千老年人口养老床位数。2017—2019 年，昆明的"每千老年人口养老床位数"分别为 35 张、39 张、25 张，2017 年、2018 年昆明比全国"每千老年人口养老床位数"的平均值分别高出 4.08 张、9.85 张，而 2019 年昆明比全国低了 5.5 张（见图 7 - 37）。

四是每千人配置全科医生人数。2019 年，昆明的"每千人配置全科医生人数"为 0.247 人，比全国

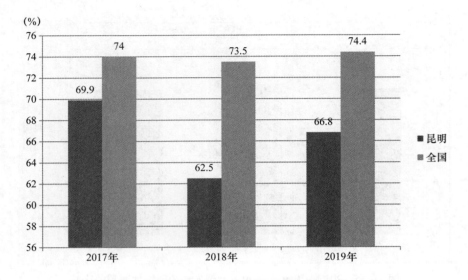

图 7 - 36　2017—2019 年昆明与全国城市声环境功能区
夜间监测总点次达标率的比较

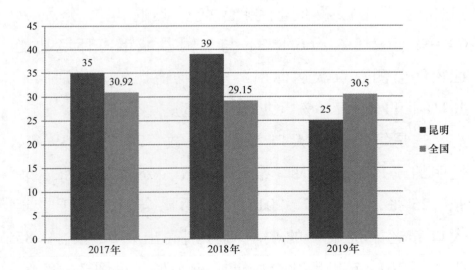

图 7 - 37　2017—2019 年昆明和全国每千老年人口养老床位数（张）的比较

"每千人配置全科医生人数"的平均值低 0.014 人
（见图 7 - 38）。

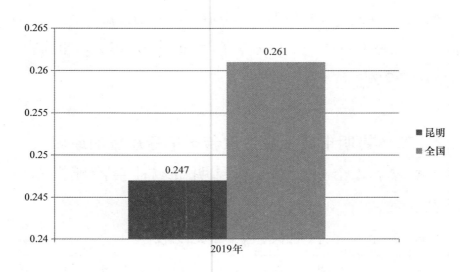

图 7 - 38　2019 年昆明和全国每千人配置全科医生人数（人）的比较

2. 低于省会城市平均值以及西南主要城市的指标

主要有 3 个：一是"农村居民人均可支配收入"。
2017 年昆明较省会城市平均值低 0.3488 元；在 27 个
省会城市中排名第 17。昆明市 2019 年"农村居民人
均可支配收入"1.6356 万元，落后于成都、贵阳，较
成都低 0.8001 万元；但高于重庆、南宁；二是"教育
经费支出"。昆明市 2018 年"教育经费支出"为
130.05 亿元，27 个省会城市的平均值 151.95 亿元，
昆明市较 27 个省会城市平均值低 20.90 亿元，在 27
个省会城市中排名第 13。昆明市 2018 年"教育经费
支出"为 130.05 亿元，落后于重庆、成都，较重庆低

了550.94亿元；但高于贵阳、南宁；三是"城镇污水集中处理率"。昆明市2017—2018年"城镇污水集中处理率"均为95.06%，2017年分别落后于贵阳2.74%、落后南宁1.82%、落后重庆0.42%，但高于成都0.37%。

### （二）昆明市域社会治理若干指标短板的原因

就以下2个指标来分析昆明市域社会治理指标短板的原因。

1. 关于"农村居民人均可支配收入"

从昆明9个县（市）区的"农村居民人均可支配收入"看，可发现该指标昆明低于省会城市平均值的原因：主要是城乡居民人均可支配收入的巨大反差：在9个县（市）区中，最高的安宁市为1.98万元，最低的东川区、禄劝县人均可支配收入都不超过1万元。与昆明主城区平均值相比，差138.3%。城乡居民人均可支配收入的巨大反差，反映了昆明城乡二元结构的矛盾还较突出，还需加大城乡一体化的步伐。

2. "人均公园绿地面积"

昆明之所以2017—2019年连续3年低于全国的平均值，而且低于成都、贵阳、南宁、主要原因在于：一是昆明的9个县（市）区的人均公园绿地面积均低于13平方米，整体上拉低了昆明的人均公园绿地面积；二是昆明2个县（市）区禄劝县、晋宁区人均公园绿地面积，都是负增长。如从内含"人均公园绿地面积"的社会环境进步指数看，石林县相对于2017年2019年社会环境进步指数为－0.04%，排名倒数第3名。相比较2018年社会环境进步指数排名倒数第6名，退步了3名；晋宁区相对于2017年2019年社会环境进步指数为－0.72%，排名倒数第2名。相比较2018年社会环境进步指数排名倒数第10名，退步了8名；安宁市相对于2017年2019年社会环境进步指数为－2.94%，排名倒数第1名。相比较2018年社会环境进步指数排名倒数第1名，两者持平。

## （三）以《社会治理规范体系》为引领，促进昆明社会治理现代化格局的构建

在"法治中国建设规划"（2020－2025年）中，提出了"健全社会治理规范体系"的要求。"社会治理规范体系"实质上是要形成评价"市域（县域）社会治理现代化指标体系"，以引导市域（县域）社会治理的现代化。2020年对昆明市域（县域）社会治理现代化的评估，是一个在开启中国社会主义现代化新阶段的全面系统的评估，是一个探索性的评估，还需在实践中不断完善。

在"十四五"期间，昆明要按照中央政法委要求：

从"社会治理体系现代化"、"工作布局现代化"、"社会治理能力现代化"三个方面，深化市域社会治理试点合格城市的创建。通过"创建全国市域社会治理"试点合格城市，促进昆明的市域（县域）社会治理现代化格局的构建。

1. 通过加强党建引领，促进党建与社会治理深度融合

一是构建社会建设五级联动机制。把社会建设作为一项系统工程，按照市级统筹谋划、县（市）区组织实施、乡镇（街道）具体落实、村（社区）协同推动、小组（楼院）共治共享的思路，构建社会建设五级联动体系；二是推动党建与社会建设深度融合。把党的领导根植基层，根植人民群众，让基层党组织成为凝聚人心、团结群众的坚强核心；三是推进党建引领基层自治共治。巩固村（社区）党组织在其他基层组织、各方力量和一切工作中的领导地位，加强对村民自治组织、集体经济组织、共青团、妇代会、民兵等组织的领导，制定村（社区）党组织工作规程和小微权力清单，建立各类基层组织向村（社区）党组织报告工作制度，建立健全村（社区）党组织讨论决定重要工作机制，着力推动村（社区）党组织领导方式从包办型、指令型向核心型、引导型转变。

## 2. 通过深化社会建设体制改革，促进社会体制的现代化

一是全面深化"放管服"改革。深入推进简政放权、放管结合、优化服务，使市场在资源配置中起决定性作用和更好发挥政府作用；二是推动社会治理重心下移。以赋权、下沉、增效为重点，推动工作重心下移、权力下放、力量下沉，构建简约高效的基层治理体质，形成人往基层走、物往基层用、钱往基层花、劲往基层使的局面；深化"党建引领、街乡吹哨、部门报到"工作机制，加大条线执法力量向街道乡镇倾斜力度，推动城市管理、公安、食品药品监管、工商、卫生计生等部门的行政管理和行政执法重心下移，做实街道综合执法队伍，建立健全"条块结合、以块为主"的街道乡镇综合执法机制。推进区域化社建，把辖区单位的资源调动起来，发挥"小巷总理"作用，推动"双报到"常态化，实现共建共治共享。三是深化街道社区体制改革。（1）规范街道办事处职能。围绕提升边疆民族地区治理能力，启动《街道办事处条例》、《社区治理促进条例》、《物业管理条例》等立法准备工作。全面推进取消街道招商引资、协税护税职能工作，推动街道将工作重心转移到抓党建、抓治理、抓服务上。（2）规范街道内设机构设置。强化基层党建、基层治理、服务群众的机构和力量，尽可能把资

源、服务、管理放到基层，构建简约高效的基层管理体制。（3）形成街道党工委和办事处的职责清单。梳理形成街道党工委和办事处的职责清单，将职责清单作为其履职的依据，同时作为县（市）区及有关部门划分事权、赋予和下放行政权力的参考依据，推动街道工作制度化、规范化。严格落实村（社区）工作准入"一办法、三清单"，清单以外的事项，严格准入审批，经核准后方可纳入村（社区）工作范围，凡未列入准入事项的不得交村（社区）办理。精减村（社区）办事窗口到2—3个，制定服务事项"一册通"，推行"全科化"社工，推动社区工作者有更多精力走访群众，发现治理问题，感受百姓痛点，收集意见建议。

3. 通过治理体系建设，促进市域（县域）社会治理体系现代化

一是加强组织体系建设。坚持以系统思维、系统观念推进社会建设工作，着力构建部门之间既各司其职、各负其责，又相互衔接、相互配合的工作氛围，形成你中有我、我中有你的全覆盖、多元化、多层次完整高效的治理体系；二是加强制度体系建设。围绕"构建党委领导、政府负责、民主协商、社会协同、公众参与、法治保障、科技支撑的社会治理体系"，努力构建系统完备、科学规范、运行有效的具有云南元素、

昆明特点的社会建设制度体系；三是加强评价体系建设。按年度科学研究编制《昆明社会治理发展报告》，遴选民生指标、治理指标与省会城市、发达地区比较，找准社会建设短板差距，明确提升方向。

4. 通过城乡社会治理创新，促进基层社会治理的现代化

一是提升社区服务供给能力。全面推行社区党组织书记通过法定程序担任居委会主任、"两委"班子成员交叉任职。更好发挥社区联席会议在社区自治中的协同作用、互联互补作用。出台《昆明市社区工作者管理办法》，推进社区工作者专业化、职业化。鼓励党政机关、事业单位通过公开招聘等方式吸纳优秀社区工作者。

二是加快完善社区综合服务设施。加强城乡社区规范化建设，提高城乡社区信息基础设施和技术装备水平，推进居务公开和民主管理。严格执行社区工作事项准入制度，持续深化社区减负增效，探索建立政府购买社区服务机制，推行"权随责走、费随事转、事费配套"。

三是激发居民自治活力。建立完善乡镇（街道）和基层群众性自治组织履职履约双向评价机制。探索基层政府组织社区居民在社区资源配置、公共政策决策和执行过程中，有序参与听证、开展民主评议的

机制。

四是着力开展社区营造。强化社区规划引领，强化社区整体设计，科学规划社区空间和公共资源，广泛吸纳居民群众参与社区规划。结合城乡社区的地理区位、资源禀赋、发展水平和人文历史等时机，发掘整合各种社会力量和资源，鼓励引导社区居民、驻地单位、社会组织等参与社区营造，推进社区微改造、微更新、微治理，增强和凝聚社区共同体意识，培育和构建社区公共精神，打造共建共治共享的城乡社区治理格局。

五是加快推进城镇老旧小区改造。按照《国务院办公厅关于全面推进城镇老旧小区改造工作的指导意见》（国办发〔2020〕23号）和《云南省人民政府关于统筹推进城市更新的指导意见》（云政发〔2020〕33号）要求，建立健全各级政府统筹、条块协作、各部门齐抓共管的工作机制，创新小区治理模式，围绕"基础类、完善类、提升类"改造内容，科学编制城镇老旧小区改造规划和年度计划，建立改造资金由政府与居民、社会力量合理共担机制，对城市或县城建成年代较早、失养失修失管、市政配套不完善、社区服务不健全、居民改造意愿强烈的老旧住宅小区（含单栋住宅楼）进行改造，推动建设安全健康、设备完善、管理有序的完整居住社区。

六是加强城镇居民小区治理。扎实推进百佳示范小区创建工作,到 2022 年,培育和打造 100 个示范小区;到 2035 年,有效提升居民小区治理能力和水平,努力提升居民小区的品质品位品牌,把居民小区建设成为组织安全、治理精细、管理有序、服务便捷、邻里有爱的幸福家园。

七是加强和改进社区物业服务管理。加强社区党组织、社区居民委员会对业主委员会和物业服务企业的指导和监督,建立健全社区党组织、社区居民委员会、业主委员会和物业服务企业议事协调机制。深入贯彻落实《关于全面加强党建引领社区物业服务工作的意见(试行)》,在全市培育评选一批"红色物业"党建工作品牌。

5. 通过完善公众参与制度,促进公众有序参与市域社会治理机制的形成

一是完善公众参与制度。推进基层直接民主制度化、规范化、程序化,依法保障群众知情权、参与权、表达权和监督权。健全促进市场主体参与的激励约束机制,鼓励企业利用技术数据、人才优势参与社会治理,主动承担起安全生产、合规经营等责任。拓宽新社会阶层、社会工作者和志愿者参与社会治理的渠道,创新组织化管理和联络动员的制度机制,确保依法有序参与社会事务。加强流动人口、网络空间以及自由

职业者等新兴群体的群众工作，最大限度把群众动员组织起来，构建基层"群众自治圈"、"社会共治圈"。

二是完善公众有序参与。完善举报奖励、公益反哺、以奖代补等激励措施，广泛动员城乡群众参与社会治理。创新互联网群众工作机制，依托昆明市市域跨部门大数据中心平台，建设昆明市社会动员和公众参与系统，搭建平行、互动、多样的群众参与平台。开展形式多样的宣传教育，不断增强公众依法有序参与社会治理的自觉性和责任感。完善党政群共商共治机制，不断拓宽公众有序参与渠道。建立健全各级党代表、人大代表和政协委员联系社区、联系群众制度，充分发挥新的社会阶层人士作用，搭建流动人口参与社会公共事务的平台，广泛动员社会力量参与社会治理。加强社区"楼栋长"、乡村"十户长"等基层治理队伍建设，发挥人熟、地熟、情况熟且热心公益的独特优势，发挥群众力量，自己动手，解决行政手段解决不了的现实问题，2021年"楼栋长"、"十户长"队伍实现全覆盖，2025年末，"楼栋长"、"十户长"工作机制更加完善，作用发挥更加明显。创新社会动员方式，完善重大事项、重大活动、重大任务社会动员机制，有效组织社会公众积极参与各种重大活动，圆满完成各种重大任务，及时处置各类突发事件，不断提高应急动员能力和公众参与水平。

6. 通过"平安昆明"创建，促进市域社会治理的"四化"水平的提升

以共建共治共享为导向，以防范化解影响安全稳定的突出风险为重点，以市域社会治理现代化、基层社会治理创新、平安创建为抓手，全面提升平安昆明建设科学化、社会化、法治化、智能化水平，把安全始终贯穿于昆明高质量发展的各领域和全过程，筑牢全面建设社会主义现代化的安全屏障，让人民群众的获得感成色更足、幸福感更可持续、安全感更有保障。

一是防范化解社会矛盾风险。全面落实市域重大决策社会稳定风险评估制度，推动矛盾风险防范与经济社会发展同步规划、同步实施。坚持定期排查和重点排查相结合，健全市、县、乡、村四级社会矛盾排查预警机制，加强风险评估研判，运用信息技术加强对社情、舆情和公众诉求的研判分析，及时发现、有效处置苗头性风险问题，加强对婚姻家庭纠纷等民间纠纷的排查调处，有效防范可能引发的案件、事件，深入开展矛盾风险动态排查、防范化解，努力把各类不稳定因素解决在萌芽、化解在基层。深入开展诉源治理工作，探索开展诉讼调解前置制度，发挥司法行政等部门作用，健全人民调解、行政调解、司法调解联动工作体系，完善人民调解组织网络，推进行业性、专业性调解组织发展，加强律师调解工作。健全社会

稳定风险评估运行机制，引入稳评第三方全程跟踪服务，实现"以评促稳"。

二是健全矛盾纠纷多元化解机制。落实《昆明市关于进一步完善矛盾纠纷多元化解机制的实施意见》，健全矛盾纠纷多元化解机制。探索完善自贸区纠纷预防和多元化解管理中心、昆明国际商事仲裁服务中心建设，有效化解涉外民商事纠纷。推广运用"云南省在线矛盾纠纷多元化解平台"，以"互联网＋纠纷化解"的形式，实现矛盾纠纷网上流转、网上立案、在线调解、司法确认，打通"线上＋线下、现场＋远程"纠纷化解双渠道。

三是提高社会治安的主动防控力。坚持立体化、法治化、专业化、智能化方向，加强社会治安防控体系建设。深入总结疫情防控中联防联控、群防群治的经验，坚定不移走专群结合之路，科学调配公安干警、辅警及群防群治力量，结合实际，提高街面布警比例，建立不低于常住人口1%的专兼职平安巡防队伍。以管控"人、地、物、事、网、组织"等基本治安要素为重点，以科技信息化为支撑，以服务实战为导向，加快推进前端感知体系建设，探索"人力＋科技"、"传统＋现代"的风险预警模式，着力提升基础防范和源头管控水平，进一步加强警力布控，完善视频监控系统和夜间勤务机制，深入推进街面、小区、社区、内保单位、地铁公交等防控单元智慧建设，打造数据驱动、人机协同、跨界融合的智慧治理新模式，加强基层派出所规范化和防群群治力量建设，提升预测预警能力，构建立体化、信息化社会治安防控体系，进一步夯实社会治安防控基础。

四是提高对安全生产风险隐患的综合治理能力。加快建立健全安全生产责任和管理制度体系、隐患排查治理和风险防控体系，强化消防、交通等安全隐患常态化治理，加强对寄递物流、危爆物品等行业监管，防范遏制重特大安全事故。全面落实安全生产属地责任、部门责任、企业责任，建立行业安全稳定风险评估、化解和管控制度，确保管行业、管业务、管生产同步管安全稳定。提高安全生产动态监测与实时预警能力，加强对新技术、新产业、新业态、新模式的安全监管和评估。健全市、县、乡三级应急综合指挥平台，完善突发事件应急处置机制，构建实战化、扁平化、合成化应急处置模式。市、县两级建立综合性应急处置队伍，加强乡镇处置力量和社会救援力量建设。定期开展综合实战演练，提高快速反应和应急处置能力，实现上下衔接、统分结合。

7. 通过"网格化治理"，促进虚拟社会现代化治理系统建设

一是深化拓展"网格化"治理。充分运用互联网、

大数据、人工智能、区块链等技术，打破部门数据壁垒，建立健全多元主体共同参与、部门协同配合的运行机制和信息资源共享机制，扎实推进"网格化＋"行动计划，实现社会服务更加精准、城市管理更加精细、社会治安防控更加精确。充分考量区域方位的差异化特征，综合考量人口结构、风俗习惯、历史传统、服务需求、资源禀赋、经济水平等多方因素，因地制宜、合理适度地进行网格的划分和优化设置。坚持以居民的公共服务需求为导向，科学合理设置网格员尤其是教育、医疗、看护等功能性网格员，每个网格至少配备1名专职网格员；强化以人为木、服务为主的理念，不断升一体化、规范化、精细化、专业化的优质服务水平，更好提供多元化的高质量公共产品。尽快明确网格员的职能和身份属性，加强网格员尤其是专职网格员的职业培训，完善激励机制，探索建立专职网格员的职业上升通道和所有网格员的薪酬待遇增长机制，保障网格员工作的主动性和积极性。结合开展疫情网格化防控工作的有效做法，建立健全市、县（市）区机关干部下沉村（社区）网格工作预案，建立健全村（社区）网格应急响应机制。

二是促进虚拟社会综合治理、现代化治理水平的提升：（1）有效打击网络违法犯罪活动。完善网络社会综合防控体系，依法打击整治各类新型网络犯罪，坚决遏制网络违法犯罪多发高发势头，有力铲除网络安全领域黑色产业链。加强跨区域协作，深入打击整治网络贩枪、网络黄赌毒、网络传销、电信网络诈骗、网络套路贷等网络犯罪，斩断网络犯罪利益链条。督促市域内互联网行业组织完善行业自律管理规范，督促网站平台落实主体责任，健全网民监督举报机制；（2）有效维护网络信息数据安全。严格落实安全责任和防护措施，完善数据安全风险报告、研判处置机制，提升信息安全保障水平和风险防范能力。加大对涉及国家秘密、商业秘密、个人隐私等重要数据的保护力度，依法严厉打击相关违法犯罪活动。加强网络安全监管、电话用户实名登记，落实网络安全主体责任，完善对新技术新应用的安全监管体系；（3）有效提升网络综合治理能力。创新互联网时代群众工作机制，推动社情民意在网上了解、矛盾纠纷在网上解决、正面能量在网上聚合。加强互联网内容建设，建设市级政务网络新媒体，做好政务公开、信息发布、舆论引导和公共服务。在全市范围内推进社区、网格群众工作微信群全覆盖，建立相应的诉求收集、解决、回应机制，健全网民诉求处理程序及反馈机制，不断壮大网络文明志愿者队伍，规范和引导网络社团社群健康发展。

面向"十四五"构建昆明市域社会治理现代化新

格局，是一个在社会治理实践中不断探索不断完善的过程。昆明将在"十四五"期间按照"1566"工作思路，不断提升"一建·六体系·六能力"的市域社会治理现代化实践水平，不断改善人民的生活品质，不断提升人民的满意度、幸福感。

# 附　　录

## 附录一　昆明市域社会治理指数原始数据

表 1　　　　2017—2019 年昆明市社会治理综合指数得分和进步指数

| 年份 | 社会治理综合指数得分（分） | 社会治理综合指数百分制得分（分） | 进步指数（相对于2017 年的增长百分比） |
|---|---|---|---|
| 2017 年 | 543.4621376 | 80.78 | 0.00 |
| 2018 年 | 549.3632008 | 81.03 | 0.31% |
| 2019 年 | 554.1816177 | 81.46 | 0.84% |
| 百分标准值 | 680.2702580 | 100 | |

表 2　　　　2017—2019 年昆明市社会活力指数得分和进步指数

| 年份 | 社会活力指数得分（分） | 社会活力指数百分制得分（分） | 进步指数（相对于2017 年的增长百分比） |
|---|---|---|---|
| 2017 年 | 219.7960946 | 79.39 | 0.00 |
| 2018 年 | 222.1415547 | 80.23 | 1.07% |
| 2019 年 | 226.8650166 | 81.94 | 3.22% |
| 百分标准值 | 276.8703510 | 100 | |

表3　　　　　2017—2019 年昆明市社会服务指数得分和进步指数

| 年份 | 社会服务指数得分（分） | 社会服务指数百分制得分（分） | 进步指数（相对于2017 年的增长百分比） |
|---|---|---|---|
| 2017 年 | 128. 8267748 | 79. 37 | 0. 00 |
| 2018 年 | 133. 9515365 | 82. 53 | 3. 98% |
| 2019 年 | 136. 2461782 | 83. 95 | 5. 76% |
| 百分标准值 | 162. 3040074 | 100 | |

表4　　　　　2017—2019 年昆明市社会环境指数得分和进步指数

| 年份 | 社会环境指数得分（分） | 社会环境指数百分制得分（分） | 进步指数（相对于2017 年的增长百分比） |
|---|---|---|---|
| 2017 年 | 728. 4149182 | 79. 84 | 0. 00 |
| 2018 年 | 730. 6789476 | 80. 08 | 0. 31% |
| 2019 年 | 731. 5497185 | 80. 18 | 0. 43% |
| 百分标准值 | 912. 3923325 | 100 | |

表5　　2017—2019 年昆明县域社会治理综合指数百分制得分和进步指数

| 昆明下辖县（市）区 | 社会治理综合指数百分制得分（分） | | | 进步指数（相对于2017 年的增长百分比） | |
|---|---|---|---|---|---|
| | 2017 年 | 2018 年 | 2019 年 | 2018 年 | 2019 年 |
| 五华区 | 86. 46 | 88. 14 | 90. 47 | 1. 94% | 4. 64% |
| 盘龙区 | 79. 59 | 80. 99 | 82. 17 | 1. 76% | 3. 24% |
| 官渡区 | 82. 13 | 83. 37 | 84. 64 | 1. 51% | 3. 06% |
| 西山区 | 80. 46 | 82. 09 | 82. 78 | 2. 03% | 2. 88% |
| 呈贡区 | 75. 72 | 76. 98 | 78. 62 | 1. 66% | 3. 83% |
| 东川区 | 68. 34 | 68. 54 | 69. 62 | 0. 29% | 1. 87% |
| 晋宁区 | 72. 01 | 73. 15 | 74. 28 | 1. 58% | 3. 15% |
| 安宁市 | 76. 43 | 77. 05 | 78. 26 | 0. 81% | 2. 39% |
| 富民县 | 69. 94 | 71. 4 | 72. 51 | 2. 09% | 3. 67% |

续表

| 昆明下辖县（市）区 | 社会治理综合指数百分制得分（分） | | | 进步指数（相对于2017年的增长百分比） | |
|---|---|---|---|---|---|
| | 2017 年 | 2018 年 | 2019 年 | 2018 年 | 2019 年 |
| 宜良县 | 70.8 | 72.79 | 75.31 | 2.81% | 6.37% |
| 嵩明县 | 69.52 | 71.02 | 73.09 | 2.16% | 5.14% |
| 石林县 | 71.94 | 72.84 | 73.69 | 1.25% | 2.43% |
| 禄劝县 | 69.16 | 70.58 | 71.45 | 2.05% | 3.31% |
| 寻甸县 | 66.62 | 69.92 | 70.82 | 4.95% | 6.30% |
| 经开区 | 72.74 | 73.78 | 74.95 | 1.43% | 3.04% |
| 阳宗海风景区 | 67.82 | 68.74 | 70.34 | 1.36% | 3.72% |

表6　　　　　　2017 年昆明县域社会治理综合指数得分和排名

| 排名 | 昆明下辖县（市）区 | 2017 年社会治理综合指数得分（分） | 2017 年社会治理综合指数百分制得分（分） |
|---|---|---|---|
| 1 | 五华区 | 21.01708532 | 86.46 |
| 2 | 官渡区 | 18.96694694 | 82.13 |
| 3 | 西山区 | 18.20306658 | 80.46 |
| 4 | 盘龙区 | 17.80866093 | 79.59 |
| 5 | 安宁市 | 16.42434255 | 76.43 |
| 6 | 呈贡区 | 16.11880214 | 75.72 |
| 7 | 经开区 | 14.87590560 | 72.74 |
| 8 | 晋宁区 | 14.58108281 | 72.01 |
| 9 | 石林县 | 14.55346433 | 71.94 |
| 10 | 宜良县 | 14.09224264 | 70.80 |
| 11 | 富民县 | 13.75450334 | 69.94 |
| 12 | 嵩明县 | 13.59026979 | 69.52 |
| 13 | 禄劝县 | 13.44853953 | 69.16 |
| 14 | 东川区 | 13.13295450 | 68.34 |
| 15 | 阳宗海风景区 | 12.93356711 | 67.82 |

| 排名 | 昆明下辖县（市）区 | 2017 年社会治理综合指数得分（分） | 2017 年社会治理综合指数百分制得分（分） |
|---|---|---|---|
| 16 | 寻甸县 | 12.48032787 | 66.62 |
| 平均值 | | 15.37386012 | 73.94 |
| 百分标准值 | | 28.11679545 | 100 |

表 7　　　　2018 年昆明县域社会治理综合指数得分和排名

| 排名 | 昆明下辖县（市）区 | 2018 年社会治理综合指数得分（分） | 2018 年社会治理综合指数百分制得分（分） |
|---|---|---|---|
| 1 | 五华区 | 21.84397269 | 88.14 |
| 2 | 官渡区 | 19.54474164 | 83.37 |
| 3 | 西山区 | 18.94840385 | 82.09 |
| 4 | 盘龙区 | 18.44475155 | 80.99 |
| 5 | 安宁市 | 16.69065335 | 77.05 |
| 6 | 呈贡区 | 16.66231134 | 76.98 |
| 7 | 经开区 | 15.30396560 | 73.78 |
| 8 | 晋宁区 | 15.04519551 | 73.15 |
| 9 | 石林县 | 14.91609173 | 72.84 |
| 10 | 宜良县 | 14.89728427 | 72.79 |
| 11 | 富民县 | 14.33534604 | 71.40 |
| 12 | 嵩明县 | 14.18351437 | 71.02 |
| 13 | 禄劝县 | 14.00595620 | 70.58 |
| 14 | 寻甸县 | 13.74706953 | 69.92 |
| 15 | 阳宗海风景区 | 13.28597212 | 68.74 |
| 16 | 东川区 | 13.20849624 | 68.54 |
| 平均值 | | 15.94148288 | 75.30 |
| 百分标准值 | | 28.11679545 | 100 |

表 8　　　　　　　　　2019 年昆明县域社会治理综合指数得分和排名

| 排名 | 昆明下辖县（市）区 | 2019 年社会治理综合指数得分（分） | 2019 年社会治理综合指数百分制得分（分） |
|---|---|---|---|
| 1 | 五华区 | 23.01294086 | 90.47 |
| 2 | 官渡区 | 20.14128705 | 84.64 |
| 3 | 西山区 | 19.26925720 | 82.78 |
| 4 | 盘龙区 | 18.98355161 | 82.17 |
| 5 | 呈贡区 | 17.37743863 | 78.62 |
| 6 | 安宁市 | 17.22132999 | 78.26 |
| 7 | 宜良县 | 15.94666898 | 75.31 |
| 8 | 经开区 | 15.79312874 | 74.95 |
| 9 | 晋宁区 | 15.51226070 | 74.28 |
| 10 | 石林县 | 15.26967470 | 73.69 |
| 11 | 嵩明县 | 15.02028505 | 73.09 |
| 12 | 富民县 | 14.78195441 | 72.51 |
| 13 | 禄劝县 | 14.35477165 | 71.45 |
| 14 | 寻甸县 | 14.10156267 | 70.82 |
| 15 | 阳宗海风景区 | 13.90963377 | 70.34 |
| 16 | 东川区 | 13.62772966 | 69.62 |
| 平均值 | | 16.52021723 | 76.65 |
| 百分标准值 | | 28.11679545 | 100 |

表 9　　　　2017—2019 年昆明县域社会活力指数百分制得分和进步指数

| 昆明下辖县（市）区 | 社会活力指数百分制得分（分） | | | 进步指数（相对于2017 年的增长百分比） | |
|---|---|---|---|---|---|
| | 2017 年 | 2018 年 | 2019 年 | 2018 年 | 2019 年 |
| 五华区 | 85.34 | 87.57 | 90.65 | 2.61% | 6.22% |
| 盘龙区 | 80.51 | 83.46 | 85.93 | 3.66% | 6.73% |
| 官渡区 | 84.33 | 87.19 | 89.95 | 3.39% | 6.66% |

续表

| 昆明下辖县（市）区 | 社会活力指数百分制得分（分） | | | 进步指数（相对于2017年的增长百分比） | |
|---|---|---|---|---|---|
| | 2017年 | 2018年 | 2019年 | 2018年 | 2019年 |
| 西山区 | 80.3 | 83.32 | 84.62 | 3.76% | 5.38% |
| 呈贡区 | 73.16 | 75.74 | 78.53 | 3.53% | 7.34% |
| 东川区 | 60.05 | 59.81 | 62.02 | -0.40% | 3.28% |
| 晋宁区 | 69.54 | 72.05 | 75.19 | 3.61% | 8.12% |
| 安宁市 | 76.09 | 78.79 | 81.29 | 3.55% | 6.83% |
| 富民县 | 66.05 | 68.7 | 71.39 | 4.01% | 8.08% |
| 宜良县 | 67.64 | 69.72 | 72.07 | 3.08% | 6.55% |
| 嵩明县 | 65.03 | 67.85 | 70.65 | 4.34% | 8.64% |
| 石林县 | 68.74 | 70.95 | 73.28 | 3.22% | 6.60% |
| 禄劝县 | 60.76 | 62.74 | 64.79 | 3.26% | 6.63% |
| 寻甸县 | 58.98 | 61.62 | 63.95 | 4.48% | 8.43% |
| 经开区 | 73.61 | 75.91 | 78.1 | 3.12% | 6.10% |
| 阳宗海风景区 | 67.77 | 70.07 | 72.45 | 3.39% | 6.91% |

表10　　　　2017年昆明县域社会活力指数得分和排名

| 排名 | 昆明下辖县（市）区 | 2017年社会活力指数得分（分） | 2017年社会活力指数百分制得分（分） |
|---|---|---|---|
| 1 | 五华区 | 11.79269009 | 85.34 |
| 2 | 官渡区 | 11.51396282 | 84.33 |
| 3 | 盘龙区 | 10.49465858 | 80.51 |
| 4 | 西山区 | 10.44027794 | 80.30 |
| 5 | 安宁市 | 9.373354922 | 76.09 |
| 6 | 经开区 | 8.774130368 | 73.61 |
| 7 | 呈贡区 | 8.667113593 | 73.16 |
| 8 | 晋宁区 | 7.828817820 | 69.54 |
| 9 | 石林县 | 7.651368208 | 68.74 |

| 排名 | 昆明下辖<br>县（市）区 | 2017 年社会活力指数<br>得分（分） | 2017 年社会活力指数<br>百分制得分（分） |
|---|---|---|---|
| 10 | 阳宗海风景区 | 7.435624689 | 67.77 |
| 11 | 宜良县 | 7.408642560 | 67.64 |
| 12 | 富民县 | 7.063030199 | 66.05 |
| 13 | 嵩明县 | 6.847137002 | 65.03 |
| 14 | 禄劝县 | 5.977962777 | 60.76 |
| 15 | 东川区 | 5.839316175 | 60.05 |
| 16 | 寻甸县 | 5.631788597 | 58.98 |
| 平均值 | | 8.296242271 | 71.58 |
| 百分标准值 | | 16.19124494 | 100 |

表 11　　　　　2018 年昆明县域社会活力指数得分和排名

| 排名 | 昆明下辖<br>县（市）区 | 2018 年社会活力指数<br>得分（分） | 2018 年社会活力指数<br>百分制得分（分） |
|---|---|---|---|
| 1 | 五华区 | 12.41691763 | 87.57 |
| 2 | 官渡区 | 12.30852793 | 87.19 |
| 3 | 盘龙区 | 11.27850500 | 83.46 |
| 4 | 西山区 | 11.24023953 | 83.32 |
| 5 | 安宁市 | 10.05017977 | 78.79 |
| 6 | 经开区 | 9.329445098 | 75.91 |
| 7 | 呈贡区 | 9.287760894 | 75.74 |
| 8 | 晋宁区 | 8.405282624 | 72.05 |
| 9 | 石林县 | 8.151342568 | 70.95 |
| 10 | 阳宗海风景区 | 7.949537836 | 70.07 |
| 11 | 宜良县 | 7.870875051 | 69.72 |
| 12 | 富民县 | 7.642053019 | 68.70 |
| 13 | 嵩明县 | 7.452938511 | 67.85 |
| 14 | 禄劝县 | 6.374366363 | 62.74 |

| 排名 | 昆明下辖县（市）区 | 2018 年社会活力指数得分（分） | 2018 年社会活力指数百分制得分（分） |
|---|---|---|---|
| 15 | 寻甸县 | 6.147381864 | 61.62 |
| 16 | 东川区 | 5.792074109 | 59.81 |
| 平均值 | | 8.856089238 | 73.96 |
| 百分标准值 | | 16.19124494 | 100 |

表 12　　　　2019 年昆明县域社会活力指数得分和排名

| 排名 | 昆明下辖县（市）区 | 2019 年社会活力指数得分（分） | 2019 年社会活力指数百分制得分（分） |
|---|---|---|---|
| 1 | 五华区 | 13.30623854 | 90.65 |
| 2 | 官渡区 | 13.10157982 | 89.95 |
| 3 | 盘龙区 | 11.95572886 | 85.93 |
| 4 | 西山区 | 11.59372526 | 84.62 |
| 5 | 安宁市 | 10.69986398 | 81.29 |
| 6 | 呈贡区 | 9.985782855 | 78.53 |
| 7 | 经开区 | 9.875426474 | 78.10 |
| 8 | 晋宁区 | 9.153895665 | 75.19 |
| 9 | 石林县 | 8.694369219 | 73.28 |
| 10 | 阳宗海风景区 | 8.498856662 | 72.45 |
| 11 | 宜良县 | 8.410837993 | 72.07 |
| 12 | 富民县 | 8.251444103 | 71.39 |
| 13 | 嵩明县 | 8.080704408 | 70.65 |
| 14 | 禄劝县 | 6.797255168 | 64.79 |
| 15 | 寻甸县 | 6.621909874 | 63.95 |
| 16 | 东川区 | 6.228837282 | 62.02 |
| 平均值 | | 9.453528509 | 76.41 |
| 百分标准值 | | 16.19124494 | 100 |

表 13　2017—2019 年昆明县域社会服务指数百分制得分和进步指数

| 昆明下辖县（市）区 | 社会服务指数百分制得分（分） | | | 进步指数（相对于2017年的增长百分比） | |
|---|---|---|---|---|---|
| | 2017 年 | 2018 年 | 2019 年 | 2018 年 | 2019 年 |
| 五华区 | 84.8 | 87.78 | 94.11 | 3.51% | 10.98% |
| 盘龙区 | 66.06 | 66.36 | 66.68 | 0.45% | 0.94% |
| 官渡区 | 68.04 | 68.11 | 68.32 | 0.10% | 0.41% |
| 西山区 | 69.9 | 71.29 | 71.75 | 1.99% | 2.65% |
| 呈贡区 | 60.84 | 61.56 | 63.17 | 1.18% | 3.83% |
| 东川区 | 60.81 | 60.76 | 60.78 | -0.08% | -0.05% |
| 晋宁区 | 60.09 | 60.54 | 60.51 | 0.75% | 0.70% |
| 安宁市 | 63.17 | 63.2 | 63.56 | 0.05% | 0.62% |
| 富民县 | 60.08 | 60.59 | 60.81 | 0.85% | 1.22% |
| 宜良县 | 75.29 | 77.69 | 79.76 | 3.19% | 5.94% |
| 嵩明县 | 62.41 | 62.65 | 62.76 | 0.38% | 0.56% |
| 石林县 | 60.43 | 60.47 | 60.43 | 0.07% | 0.00% |
| 禄劝县 | 63.17 | 68.27 | 68.25 | 8.07% | 8.04% |
| 寻甸县 | 62.87 | 65.49 | 65.69 | 4.17% | 4.49% |
| 经开区 | 56.31 | 56.47 | 56.7 | 0.28% | 0.69% |
| 阳宗海风景区 | 56.96 | 56.86 | 56.78 | -0.18% | -0.32% |

表 14　　**2017 年昆明县域社会服务指数得分和排名**

| 排名 | 昆明下辖县（市）区 | 2017 年社会服务指数得分（分） | 2017 年社会服务指数百分制得分（分） |
|---|---|---|---|
| 1 | 五华区 | 10.03150642 | 84.80 |
| 2 | 宜良县 | 7.907845884 | 75.29 |
| 3 | 西山区 | 6.815564703 | 69.90 |
| 4 | 官渡区 | 6.457819924 | 68.04 |
| 5 | 盘龙区 | 6.087248246 | 66.06 |

| 排名 | 昆明下辖县（市）区 | 2017 年社会服务指数得分（分） | 2017 年社会服务指数百分制得分（分） |
|---|---|---|---|
| 6 | 安宁市 | 5.566365603 | 63.17 |
| 7 | 禄劝县 | 5.565387453 | 63.17 |
| 8 | 寻甸县 | 5.512698194 | 62.87 |
| 9 | 嵩明县 | 5.433502393 | 62.41 |
| 10 | 呈贡区 | 5.162891358 | 60.84 |
| 11 | 东川区 | 5.158744793 | 60.81 |
| 12 | 石林县 | 5.093657330 | 60.43 |
| 13 | 晋宁区 | 5.036341641 | 60.09 |
| 14 | 富民县 | 5.035402241 | 60.08 |
| 15 | 阳宗海风景区 | 4.525091707 | 56.96 |
| 16 | 经开区 | 4.422671737 | 56.31 |
| 平均值 | | 5.863296226 | 64.83 |
| 百分标准值 | | 13.94874445 | 100 |

表 15　　　　2018 年昆明县域社会服务指数得分和排名

| 排名 | 昆明下辖县（市）区 | 2018 年社会服务指数得分（分） | 2018 年社会服务指数百分制得分（分） |
|---|---|---|---|
| 1 | 五华区 | 10.74742312 | 87.78 |
| 2 | 宜良县 | 8.418458070 | 77.69 |
| 3 | 西山区 | 7.088755145 | 71.29 |
| 4 | 禄劝县 | 6.501470520 | 68.27 |
| 5 | 官渡区 | 6.471077823 | 68.11 |
| 6 | 盘龙区 | 6.142614131 | 66.36 |
| 7 | 寻甸县 | 5.983106168 | 65.49 |
| 8 | 安宁市 | 5.571296366 | 63.20 |
| 9 | 嵩明县 | 5.474096170 | 62.65 |
| 10 | 呈贡区 | 5.285270251 | 61.56 |

续表

| 排名 | 昆明下辖县（市）区 | 2018 年社会服务指数得分（分） | 2018 年社会服务指数百分制得分（分） |
|---|---|---|---|
| 11 | 东川区 | 5.148873883 | 60.76 |
| 12 | 富民县 | 5.120848332 | 60.59 |
| 13 | 晋宁区 | 5.112124911 | 60.54 |
| 14 | 石林县 | 5.100077858 | 60.47 |
| 15 | 阳宗海风景区 | 4.509352765 | 56.86 |
| 16 | 经开区 | 4.447516086 | 56.47 |
| 平均值 | | 6.070147600 | 65.97 |
| 百分标准值 | | 13.94874445 | 100 |

表 16　　2019 年昆明县域社会服务指数得分和排名

| 排名 | 昆明下辖县（市）区 | 2019 年社会服务指数得分（分） | 2019 年社会服务指数百分制得分（分） |
|---|---|---|---|
| 1 | 五华区 | 12.35273656 | 94.11 |
| 2 | 宜良县 | 8.872905141 | 79.76 |
| 3 | 西山区 | 7.180391508 | 71.75 |
| 4 | 官渡区 | 6.510770008 | 68.32 |
| 5 | 禄劝县 | 6.496622005 | 68.25 |
| 6 | 盘龙区 | 6.201399259 | 66.68 |
| 7 | 寻甸县 | 6.018733283 | 65.69 |
| 8 | 安宁市 | 5.635667481 | 63.56 |
| 9 | 呈贡区 | 5.566906710 | 63.17 |
| 10 | 嵩明县 | 5.494755347 | 62.76 |
| 11 | 富民县 | 5.157809545 | 60.81 |
| 12 | 东川区 | 5.153466090 | 60.78 |
| 13 | 晋宁区 | 5.107802413 | 60.51 |
| 14 | 石林县 | 5.093573037 | 60.43 |
| 15 | 阳宗海风景区 | 4.496822518 | 56.78 |

| 排名 | 昆明下辖<br>县（市）区 | 2019 年社会服务指数<br>得分（分） | 2019 年社会服务指数<br>百分制得分（分） |
|---|---|---|---|
| 16 | 经开区 | 4.484128234 | 56.70 |
| 平均值 | | 6.239030571 | 66.88 |
| 百分标准值 | | 13.94874445 | 100 |

表 17　2017—2019 年昆明县域社会环境指数百分制得分和进步指数

| 昆明下辖<br>县（市）区 | 社会环境指数<br>百分制得分（分） | | | 进步指数（相对于<br>2017 年的增长百分比） | |
|---|---|---|---|---|---|
| | 2017 年 | 2018 年 | 2019 年 | 2018 年 | 2019 年 |
| 五华区 | 80.71 | 80.99 | 81.34 | 0.35% | 0.78% |
| 盘龙区 | 83.47 | 83.77 | 84 | 0.36% | 0.63% |
| 官渡区 | 84 | 84.06 | 84.11 | 0.07% | 0.13% |
| 西山区 | 80.25 | 80.36 | 80.34 | 0.14% | 0.11% |
| 呈贡区 | 89.59 | 89.64 | 89.62 | 0.06% | 0.03% |
| 东川区 | 78.54 | 79.02 | 79.6 | 0.61% | 1.35% |
| 晋宁区 | 78.86 | 79.15 | 78.29 | 0.37% | -0.72% |
| 安宁市 | 83.57 | 80.79 | 81.12 | -3.33% | -2.93% |
| 富民县 | 76.95 | 78.84 | 78.83 | 2.46% | 2.44% |
| 宜良县 | 78.61 | 79.25 | 79.55 | 0.81% | 1.20% |
| 嵩明县 | 74.68 | 76.12 | 80.67 | 1.93% | 8.02% |
| 石林县 | 79.39 | 79.51 | 79.35 | 0.15% | -0.05% |
| 禄劝县 | 79.36 | 79.5 | 79.64 | 0.18% | 0.35% |
| 寻甸县 | 71.13 | 75.65 | 75.7 | 6.35% | 6.42% |
| 经开区 | 79.96 | 80.28 | 81.25 | 0.40% | 1.61% |
| 阳宗海风景区 | 64.03 | 64.09 | 68.78 | 0.09% | 7.42% |

表 18 　　　　　　　2017 年昆明县域社会环境指数得分和排名

| 排名 | 昆明下辖县（市）区 | 2017 年社会环境指数得分（分） | 2017 年社会环境指数百分制得分（分） |
|---|---|---|---|
| 1 | 呈贡区 | 12.27411708 | 89.59 |
| 2 | 官渡区 | 10.78957639 | 84.00 |
| 3 | 安宁市 | 10.68018259 | 83.57 |
| 4 | 盘龙区 | 10.65389429 | 83.47 |
| 5 | 五华区 | 9.959334369 | 80.71 |
| 6 | 西山区 | 9.848064383 | 80.25 |
| 7 | 经开区 | 9.777094590 | 79.96 |
| 8 | 石林县 | 9.636584516 | 79.39 |
| 9 | 禄劝县 | 9.629090644 | 79.36 |
| 10 | 晋宁区 | 9.508530115 | 78.86 |
| 11 | 宜良县 | 9.449864712 | 78.61 |
| 12 | 东川区 | 9.431350762 | 78.54 |
| 13 | 富民县 | 9.054716048 | 76.95 |
| 14 | 嵩明县 | 8.528143167 | 74.68 |
| 15 | 寻甸县 | 7.736739716 | 71.13 |
| 16 | 阳宗海风景区 | 6.268521780 | 64.03 |
| 平均值 | | 9.576612822 | 79.14 |
| 百分标准值 | | 15.29067748 | 100 |

表 19 　　　　　　　2018 年昆明县域社会环境指数得分和排名

| 排名 | 昆明下辖县（市）区 | 2018 年社会环境指数得分（分） | 2018 年社会环境指数百分制得分（分） |
|---|---|---|---|
| 1 | 呈贡区 | 12.28708489 | 89.64 |
| 2 | 官渡区 | 10.80456978 | 84.06 |
| 3 | 盘龙区 | 10.73124909 | 83.77 |
| 4 | 五华区 | 10.02937877 | 80.99 |

| 排名 | 昆明下辖县（市）区 | 2018 年社会环境指数得分（分） | 2018 年社会环境指数百分制得分（分） |
|---|---|---|---|
| 5 | 安宁市 | 9.979930904 | 80.79 |
| 6 | 西山区 | 9.875512374 | 80.36 |
| 7 | 经开区 | 9.855445006 | 80.28 |
| 8 | 石林县 | 9.666727832 | 79.51 |
| 9 | 禄劝县 | 9.662875742 | 79.50 |
| 10 | 宜良县 | 9.602526945 | 79.25 |
| 11 | 晋宁区 | 9.579066224 | 79.15 |
| 12 | 东川区 | 9.548117456 | 79.02 |
| 13 | 富民县 | 9.503724201 | 78.84 |
| 14 | 嵩明县 | 8.858753703 | 76.12 |
| 15 | 寻甸县 | 8.751429911 | 75.65 |
| 16 | 阳宗海风景区 | 6.281057846 | 64.09 |
| 平均值 | | 9.688590668 | 79.60 |
| 百分标准值 | | 15.29067748 | 100 |

表 20　　　　　　　　2019 年昆明县域社会环境指数得分和排名

| 排名 | 昆明下辖县（市）区 | 2019 年社会环境指数得分（分） | 2019 年社会环境指数百分制得分（分） |
|---|---|---|---|
| 1 | 呈贡区 | 12.28130227 | 89.62 |
| 2 | 官渡区 | 10.81790013 | 84.11 |
| 3 | 盘龙区 | 10.78880662 | 84.00 |
| 4 | 五华区 | 10.11763900 | 81.34 |
| 5 | 经开区 | 10.09316926 | 81.25 |
| 6 | 安宁市 | 10.06073865 | 81.12 |
| 7 | 嵩明县 | 9.949404413 | 80.67 |
| 8 | 西山区 | 9.869887245 | 80.34 |
| 9 | 禄劝县 | 9.699193970 | 79.64 |

| 排名 | 昆明下辖<br>县（市）区 | 2019 年社会环境指数<br>得分（分） | 2019 年社会环境指数<br>百分制得分（分） |
|---|---|---|---|
| 10 | 东川区 | 9.687216837 | 79.60 |
| 11 | 宜良县 | 9.675685170 | 79.55 |
| 12 | 石林县 | 9.628330128 | 79.35 |
| 13 | 富民县 | 9.502184028 | 78.83 |
| 14 | 晋宁区 | 9.372769345 | 78.29 |
| 15 | 寻甸县 | 8.762525001 | 75.70 |
| 16 | 阳宗海风景区 | 7.233104943 | 68.78 |
| 平均值 | | 9.846241063 | 80.25 |
| 百分标准值 | | 15.29067748 | 100 |

表 21 　　　　　**昆明市域社会环境指数各指标数据**

| 指标名称 | 单位 | 2017 年 | 2018 年 | 2019 年 |
|---|---|---|---|---|
| 人口平均预期寿命 | 岁 | 78.96 | 79.01 | 79.41 |
| 人均地区生产总值（GDP） | 万元 | | 8.8322 | 9.3853 |
| 常住人口城镇化率 | % | 72.05 | 72.85 | 73.6 |
| 城镇登记失业率 | % | 3 | 3.09 | 3.44 |
| 城镇居民人均可支配收入 | 万元 | 3.9788 | 4.2988 | 4.6289 |
| 农村居民人均可支配收入 | 万元 | 1.3698 | 1.4895 | 1.6356 |
| 财政向社会组织购买服务金额占财政<br>支出比重 | % | 0.52 | 1.08 | 1.22 |
| 每万人口拥有助理社工师及以上社会<br>工作专业人才 | 人 | 1.29 | 1.76 | 3.3 |
| 每万人拥有社会组织数量 | 个 | 7.50 | 7.50 | 7.61 |
| 注册志愿者人数占本地常住人口的<br>比例 | % | 13.30 | 14.18 | 16.48 |
| 有志愿服务时间记录的志愿者人数占<br>注册志愿者总人数的比例 | % | 62.3 | 67.2 | 68.35 |

续表

| 指标名称 | 单位 | 2017 年 | 2018 年 | 2019 年 |
|---|---|---|---|---|
| 每十万人慈善捐款数 | 元 | | | 10595.67 |
| 社会服务事业费占财政地方一般预算支出的比重 | % | 63.52 | 65.87 | |
| 保障性住房基本建成面积占住宅竣工面积的比重 | % | 16 | 10 | |
| 文化事业支出占财政支出比重 | % | 0.95 | 1.06 | 1.1 |
| 文化事业支出 | 万元 | 74044 | 80039 | 90538 |
| 每万人拥有群众文化设施建筑面积 | 平方米 | 2223.39 | 3060.41 | 3026.08 |
| 人均体育场地面积 | 平方米 | 2.06 | 2.1 | 2.23 |
| 每千人医疗卫生机构床位数 | 张 | 8.97 | 9.23 | 9.22 |
| 每千人拥有执业医师数 | 人 | 4.03 | 4.17 | 4.57 |
| 每千老年人口养老床位数 | 张 | 35 | 39 | 25 |
| 每千人配置全科医生人数 | 人 | | | 0.247 |
| 医疗卫生与计划生育支出 | 亿元 | 56.82 | 62.47 | 68.46 |
| 工会建会率 | % | 98.95 | 98.95 | 91.87 |
| 已成立业委会小区占符合成立条件小区比例 | % | 8.80 | 14.47 | |
| 教育经费支出 | 亿元 | 118.17 | 130.05 | 135.69 |
| 生均义务教育公用经费支出 | 元 | 3182.79 | 2834.41 | 3757.88 |
| 高级技能人才占技能劳动者比重 | % | 19.63 | 19.42 | 19.42 |
| 实有人口万人报警类 110 警情数 | 起 | 2056.19 | 1981.02 | 2058.31 |
| 法律援助案件受理数 | 件 | 5931 | 5952 | 14286 |
| "12345" 市民服务热线办结率 | % | 99 | 99 | 99.98 |
| 城市公共交通分担率 | % | 40.32 | 41.94 | 42.27 |
| 节能环保支出 | 亿元 | 36.29 | 25.39 | 41.14 |
| 建成区绿地率 | % | 38.65 | 38.68 | 38.7 |
| 人均公园绿地面积 | 平方米 | 11.02 | 11.35 | 10.95 |

续表

| 指标名称 | 单位 | 2017 年 | 2018 年 | 2019 年 |
|---|---|---|---|---|
| 万元地区生产总值能耗下降率 | % | 4.74 | 7 | 6.76 |
| 城镇污水集中处理率 | % | 95.06 | 95.06 | 95.18 |
| 生活垃圾无害化处理率 | % | 100 | 100 | 100 |
| 全年空气优良率 | % | 98.60 | 98.90 | 98 |
| 城市声环境质量：城市声环境功能区夜间监测总点次达标率 | % | 69.9 | 62.5 | 66.8 |
| 亿元国内生产总值生产安全事故死亡率 | % | 0.09 | 0.08 | 0.04 |
| 食品监测抽检合格率 | % | 97.99 | 97.7 | 98.22 |
| 群众安全感满意度 | % | 85.00 | 91.62 | 94.09 |
| 民间纠纷调解成功率 | % | 99.56 | 99.51 | 99.37 |
| 一般程序交通事故 | 起 | 1514 | 1675 | 1641 |
| 新增重复信访率 | % | 20 | 22 | -0.76 |

表22　昆明县域社会环境指数各指标数据（2017年）

| 指标<br>地区 | 2017年末城镇常住人口数（万人） | 城镇居民人均可支配收入（万元） | 农村居民人均可支配收入（万元） | 地区生产总值（万元） | 居民储蓄存款余额（亿元） | 建成区绿地率（%） | 人均公园绿地面积（平方米/人） |
|---|---|---|---|---|---|---|---|
| 五华区 | 85.58 | 4.06 | 1.77 | 10821931 | | 38.41 | 11.8 |
| 盘龙区 | 83.78 | 4.068 | 1.7877 | 6546430 | | 39.58 | 14.72 |
| 官渡区 | 89.86 | 4.06 | 1.87 | 11401361 | 790.0875 | 41.25 | 13.62 |
| 西山区 | 78.9 | 4.06 | 1.83 | 7093752 | 496.71 | 38.58 | 10.93 |
| 呈贡区 | 11.6766（户籍人口） | 4.01 | 1.81 | 3737569 | 214.47 | 41.97 | 22.03 |
| 东川区 | 12.79 | 3.03 | 0.78 | 918694 | 83.44 | 37.07 | 10.2 |
| 晋宁区 | 28.4278 | 3.6726 | 1.4512 | 1268618 | | 34.94 | 13.41 |
| 安宁市 | 27.6288 | 3.9815 | 1.6584 | 4135540 | 192 | 38.82 | 15.93 |
| 富民县 | 5.88 | 3.637 | 1.3482 | 727090 | 49.02 | 33.96 | 11.86 |
| 宜良县 | | 3.7166 | 1.377 | 1797190 | 140.5098 | 36.5 | 11.44 |
| 嵩明县 | 9.2495 | 3.6955 | 1.3386 | 1311739 | 109.04 | 33.26 | 9.48 |
| 石林县 | 26.27 | 3.7556 | 1.3588 | 1015463 | 63.17 | 35.78 | 13.14 |
| 禄劝县 | 41.42 | 3.0557 | 0.8046 | 911906 | 68.02 | 35.57 | 13.44 |
| 寻甸县 | 14.31 | 3.2 | 0.83 | 896185 | 93.58 | 29.59 | 9.17 |
| 经开区 | 7.7664 | | | 3887000 | | 36.9 | 12.6 |
| 阳宗海风景区 | 1.9952 | | | | 19.7 | 27.43 | 2.44 |

续表

| 地区 | 生活垃圾无害化处理率（%） | 注册志愿者人数占本地常住人口比例（%） | 有志愿服务时间记录的志愿者人数占志愿者总人数的比例（%） | 生均义务教育公用经费支出（元/人） | 每千名常住人口公共卫生人员数（人） | 人均体育场地面积（平方米） | 《国民体质测定标准》合格以上的人数比例（%） |
|---|---|---|---|---|---|---|---|
| 五华区 | 100 | 16.71 | 69.17 | 小学1192.71 初中2401.49 | 58.96 | 1.7 | 97 |
| 盘龙区 | 100 | 23.6 | 78 | 540 | 0.41 | | 90.35 |
| 官渡区 | 100 | 19.6 | 86 | 小学1185.67 初中1847.78 | 12.32 | 1.081 | |
| 西山区 | 100 | 26.5 | 74.1 | 2145 | 0.447 | 2.25 | 50 |
| 呈贡区 | 100 | 2.2 | | 小学785 中学1065 | 1.45 | 5.4 | |
| 东川区 | 98.05 | 9 | 81.59 | 小学600 初中800 | 1.5 | 1.1 | 90.07 |
| 晋宁区 | 100 | | 78 | 小学1222.05 初中1416.47 | 1.13 | 1.45 | |
| 安宁市 | 100 | 27.07 | 71.59 | 小学1006.68 初中1266.63 | 1.32 | 1.78 | |
| 富民县 | 100 | 11 | 43 | 小学1842.08 初中2003.64 | 0.34 | 1.86 | 89.6 |

续表

| 指标<br>地区 | 生活垃圾无害化处理率（%） | 注册志愿者人数占本地常住人口比例（%） | 有志愿服务时间记录的志愿者人数占注册志愿者总人数的比例（%） | 生均义务教育公用经费支出（元/人） | 每千名常住人口公共卫生人员数（人） | 人均体育场地面积（平方米） | 《国民体质测定标准》合格以上的人数比例（%） |
|---|---|---|---|---|---|---|---|
| 宜良县 | 80 | 3.13 | 75.37 | 小学10684.74<br>初中10450.73 | 1.095 | | |
| 嵩明县 | 95.6 | 6.2 | 11.11 | 2093 | 0.11 | 9 | 83.8 |
| 石林县 | 100 | 12.61 | 53.28 | 小学600<br>初中800 | 0.83 | 1.8 | 93.52 |
| 禄劝县 | 96 | 0.0036 | 100 | 小学1899.92<br>初中1472.75 | 0.526 | 1.82291 | 65 |
| 寻甸县 | 95.43 | 0.011 | 65 | 小学1843.57<br>初中1918.12 | 1.04 | 1.02 | 62 |
| 经开区 | 100 | 28.33 | 75 | 小学600<br>初中800 | 0.21 | 0.68 | 94.77 |
| 阳宗海风景区 | 100 | 3.16 | 100 | 普通学生600<br>寄宿制学生800 | 0.96 | 0.496 | |

续表

| 地区 | 农产品质量安全监测合格率（%） | 无劣于V类水体（有/无） | 县城声环境功能区夜间监测点次达标率（%） | 行政村4G覆盖率（%） | 普通中学在校学生数（人） | 医疗卫生机构床位数（张） | 各种社会福利收养性单位数（个） |
|---|---|---|---|---|---|---|---|
| 五华区 | 99.3 | 无 | 100 | 100 | 40046 | 12015 | 8 |
| 盘龙区 | 95 | 无 | 100 | 97 | 24888 | 6810 | 1 |
| 官渡区 | 99.51 | 有 |  | 100 | 27762 | 5114 | 0 |
| 西山区 | 99.7 | 有 | 100 | 97 | 22192 | 13007 | 0 |
| 呈贡区 | 99.1 | 有 | 100 | 98.17 | 16619 | 828 | 0 |
| 东川区 | 100 | 无 | 100 | 100 | 11985 | 1760 | 1 |
| 晋宁区 | 98.35 | 无 | 99 | 92 | 8957 | 1918 | 0 |
| 安宁市 | 98 | 有 | 未监测 | 100 | 17955 | 3935 | 0 |
| 富民县 | 99.85 | 有 | / | 100 | 8283 | 888 | 0 |
| 宜良县 | 99.22 |  |  | 95 | 19356 | 2138 | 3 |
| 嵩明县 | 98.53 | 有 | 100 | 80 | 16261 | 1826 | 0 |
| 石林县 | 98.25 | 无 | 100 | 99 | 14607 | 1598 | 0 |
| 禄劝县 | 99.6 | 无 | 100 | 100 | 15793 | 2452 | 1 |
| 寻甸县 | 98 | 有 | 96 | 80 | 14719 | 2134 | 1 |
| 经开区 | 100 | 无 | 未监测 | 100 | 961 | 356 | 0 |
| 阳宗海风景区 | 98.07 | 无 |  | 100 | 3508 | 172 | 0 |

表23　昆明县域社会环境指数各指标数据（2018年）

| 指标<br>地区 | 2019年末城镇常住人口数（万人） | 城镇居民人均可支配收入（万元） | 农村居民人均可支配收入（万元） | 地区生产总值（万元） | 居民储蓄存款余额（亿元） | 建成区绿地率（%） | 人均公园绿地面积（平方米/人） |
|---|---|---|---|---|---|---|---|
| 五华区 | 85.89 | 4.38 | 1.92 | 11341974 | | 38.57 | 12.1 |
| 盘龙区 | 84.2 | 4.3975 | 1.9398 | 8527500 | | 39.9 | 14.8 |
| 官渡区 | 91.39 | 4.39 | 2.04 | 12232022 | 839.7921 | 41.27 | 13.63 |
| 西山区 | 79.27 | 4.39 | 1.99 | 7966277 | 526.2 | 38.68 | 10.94 |
| 呈贡区 | 12.6198（户籍人口） | 4.33 | 1.96 | 4209540 | 242.64 | 41.98 | 22.04 |
| 东川区 | 13.13 | 3.28 | 0.85 | 947333 | 96.5 | 36.81 | 11.33 |
| 晋宁区 | 28.6224 | 3.9776 | 1.5776 | 1629520 | | 35.38 | 13.29 |
| 安宁市 | 27.9729 | 4.2922 | 1.7994 | 5185888 | 217.62 | 37.15 | 13.62 |
| 富民县 | 6.34 | 3.9426 | 1.4656 | 765487 | 55.87 | 35.38 | 12.83 |
| 宜良县 | | 4.0178 | 1.4997 | 1877263 | 160.0328 | 37.56 | 10.98 |
| 嵩明县 | 10.2852 | 3.9911 | 1.4565 | 1351196 | 121.87 | 34.36 | 10.16 |
| 石林县 | 26.39 | 4.0636 | 1.4729 | 1040538 | 71.77 | 35.89 | 13.25 |
| 禄劝县 | 41.45 | 3.3125 | 0.8802 | 959014 | 75.49 | 35.76 | 13.41 |
| 寻甸县 | 14.73 | 3.46 | 0.91 | 1219965 | 102.22 | 34.5 | 9.15 |
| 经开区 | 8.0571 | | | 4281800 | 20.29 | 36.9 | 13.1 |
| 阳宗海风景区 | 2.195 | | | | | 27.43 | 2.52 |

续表

| 地区 指标 | 生活垃圾无害化处理率（%） | 注册志愿者人数占本地常住人口比例（%） | 有志愿服务时间记录的志愿者人数占注册志愿者总人数的比例（%） | 生均义务教育经费支出公用（元/人） | 每千名常住人口公共卫生人员数（人） | 人均体育场地面积（平方米） | 《国民体质测定标准》合格以上的人数比例（%） |
|---|---|---|---|---|---|---|---|
| 五华区 | 100 | 17.82 | 70.36 | 小学 1891.40 初中 2504.57 | 58.97 | 1.7 | 97 |
| 盘龙区 | 100 | 24 | 79 | 542 | 0.85 | | 91.55 |
| 官渡区 | 100 | 22.3 | 84 | 小学 1215.49 初中 1955.11 | 12.18 | 1.146 | |
| 西山区 | 100 | 30.1 | 75.3 | 2510 | 0.465 | 2.25 | 50 |
| 呈贡区 | 100 | | | 小学 790 中学 1070 | 1.47 | 7.55 | |
| 东川区 | 98.63 | 1.02 | 16.11 | 小学 600 初中 800 | 1.5 | 1.23 | 91.6 |
| 晋宁区 | 100 | 10 | 80 | 小学 1403.1 初中 1860.71 | 1.13 | 1.45 | |
| 安宁市 | 100 | 25.79 | 90 | 小学 1037.06 初中 1312.72 | 1.32 | 1.81 | 未开展监测 |
| 富民县 | 100 | 13 | 48 | 小学 2001.84 初中 2205.18 | 0.34 | 1.92 | 90.2 |

续表

| 指标　　地区 | 生活垃圾无害化处理率（%） | 注册志愿者人数占本地常住人口比例（%） | 有志愿服务时间记录的志愿者人数占注册志愿者总人数的比例（%） | 生均义务教育公用经费支出（元/人） | 每千名常住人口公共卫生人员数（人） | 人均体育场地面积（平方米） | 《国民体质测定标准》合格以上的人数比例（%） |
|---|---|---|---|---|---|---|---|
| 宜良县 | 85 | 3.17 | 72.57 | 小学12468.23 初中13252.42 | 1.055 | | |
| 嵩明县 | 96 | 8.3 | 19.05 | 2102 | 0.12 | 9.4 | 84.7 |
| 石林县 | 100 | 13.11 | 55.74 | 小学600 初中800 | 0.83 | 1.85 | 94.17 |
| 禄劝县 | 96 | 0.0037 | 100 | 小学1900.52 初中1473.97 | 0.528 | 1.99 | 68.1 |
| 寻甸县 | 100 | 0.015 | 80 | 小学1870.02 初中1944.92 | 1.39 | 1.03 | 64 |
| 经开区 | 100 | 28.97 | 76 | 小学600 初中800 | 0.26 | 0.71 | 95.67 |
| 阳宗海风景区 | 100 | 3.16 | 100 | 普通学生600 寄宿制学生800 | 0.98 | 0.511 | |

续表

| 地区＼指标 | 农产品质量安全监测合格率（%） | 无劣于Ⅴ类水体（有/无） | 县城声环境功能区夜间监测点总点次达标率（%） | 行政村4G覆盖率（%） | 普通中学在校学生数（人） | 医疗卫生机构床位数（张） | 各种社会福利收养性单位数（个） |
|---|---|---|---|---|---|---|---|
| 五华区 | 99.5 | 无 | 100 | 100 | 48526 | 12365 | 10 |
| 盘龙区 | 98 | 无 | 100 | 97.8 | 25171 | 7116 | 1 |
| 官渡区 | 99.66 | 有 | 2.8 | 100 | 27686 | 5164 | 0 |
| 西山区 | 99.77 | 有 | 100 | 97 | 24577 | 14012 | 0 |
| 呈贡区 | 98.83 | 有 | 100 | 100 | 19626 | 822 | 0 |
| 东川区 | 99.96 | 无 | 100 | 100 | 11732 | 1760 | 1 |
| 晋宁区 | 99.51 | 无 | 100 | 100 | 8555 | 1986 | 0 |
| 安宁市 | 98 | 有 | 未监测 | 100 | 18002 | 3880 | 0 |
| 富民县 | 99.78 | 有 | 84.8 | 100 | 9429 | 894 | 0 |
| 宜良县 | 99.03 | 有 |  | 100 | 19129 | 2157 | 3 |
| 嵩明县 | 98.65 | 有 | 100 | 100 | 16286 | 1821 | 0 |
| 石林县 | 99.5 | 无 | 100 | 100 | 14773 | 1578 | 0 |
| 禄劝县 | 99.4 | 无 | 97 | 100 | 15784 | 2636 | 8 |
| 寻甸县 | 98 | 有 | 91.9 | 98 | 20592 | 2745 | 2 |
| 经开区 | 100 | 无 |  | 100 | 1415 | 414 | 0 |
| 阳宗海风景区 | 98.16 | 无 |  | 100 | 3091 | 172 | 0 |

表24　昆明县域社会环境指数各指标数据（2019年）

| 指标　地区 | 2019年末城镇常住人口数（万人） | 城镇居民人均可支配收入（万元） | 农村居民人均可支配收入（万元） | 地区生产总值（万元） | 居民储蓄存款余额（亿元） | 建成区绿地率（%） | 人均公园绿地面积（平方米/人） |
|---|---|---|---|---|---|---|---|
| 五华区 | 86.62 | 4.72 | 2.11 | 11956505 | | 38.65 | 12.5 |
| 盘龙区 | 84.6 | 4.7405 | 2.126 | 8892159 | | 40.13 | 14.87 |
| 官渡区 | 94.39 | 4.72 | 2.24 | 13470110 | 876.5815 | 41.35 | 13.65 |
| 西山区 | 79.75 | 4.72 | 2.18 | 8590496 | 584.21 | 38.68 | 10.94 |
| 呈贡区 | 13.4235（户籍人口） | 4.67 | 2.15 | 4767852 | 275.08 | 41.99 | 22.05 |
| 东川区 | 13.34 | 3.53 | 0.94 | 1148138 | 101.06 | 37.26 | 11.55 |
| 晋宁区 | 28.7991 | 4.2879 | 1.729 | 1863663 | | 35.67 | 11.6 |
| 安宁市 | 28.2703 | 4.6227 | 1.9757 | 5751400 | 239.09 | 37.17 | 14.05 |
| 富民县 | 6.55 | 4.2422 | 1.6078 | 1000092 | 63.97 | 35.38 | 12.88 |
| 宜良县 | 17.4626 | 4.3352 | 1.6437 | 2045530 | 175.6992 | 37.35 | 11.49 |
| 嵩明县 | 11.5938 | 4.3021 | 1.5978 | 1466796 | 130.73 | 39.72 | 10.19 |
| 石林县 | 26.6 | 4.3724 | 1.6158 | 1153594 | 80.37 | 35.6 | 13.32 |
| 禄劝县 | 41.47 | 3.5609 | 0.9691 | 1323797 | 81.88 | 35.94 | 13.39 |
| 寻甸县 | 15.17 | 3.72 | 1 | 1330301 | 111.4 | 34.6 | 9.15 |
| 经开区 | 8.3774 | | | 4863900 | | 37.3 | 14.1 |
| 阳宗海风景区 | 2.2033 | | | | 21.92 | 28.44 | 7.29 |

续表

| 地区\指标 | 生活垃圾无害化处理率（%） | 注册志愿者人数占本地常住人口比例（%） | 有志愿服务时间记录的志愿者人数占注册志愿者总人数的比例（%） | 生均义务教育公用经费支出（元/人） | 每千名常住人口公共卫生人员数（人） | 人均体育场地面积（平方米） | 《国民体质测定标准》合格以上的人数比例（%） |
|---|---|---|---|---|---|---|---|
| 五华区 | 100 | 19.96 | 74.83 | 小学 5217.2<br>初中 10862.23 | 64.1 | 2.3 | 98 |
| 盘龙区 | 100 | 24.6 | 79 | 小学 437<br>初中 657 | 1.22 | 1.69 | 93.87 |
| 官渡区 | 100 | 22.39 | 84.79 | 小学 1315.16<br>初中 2032.63 | 12.69 | 1.21 | |
| 西山区 | 100 | 19.54 | 74.7 | 2520 | 0.512 | 2.28 | 60 |
| 呈贡区 | 100 | 14.82 | 61.20 | 小学 795<br>中学 1075 | 1.5 | 7.41 | 89.8 |
| 东川区 | 100 | 0.27 | 28.37 | 小学 600<br>初中 800 | 1.496 | 1.43 | 92.4 |
| 晋宁区 | 100 | 14 | 85 | 小学 1412.76<br>初中 1908.21 | 1.15 | 1.83 | |
| 安宁市 | 100 | 26.65 | 88.74 | 小学 1085.57<br>初中 1336.02 | 1.33 | 1.84 | 92.7 |

续表

| 指标<br>地区 | 生活垃圾无害化处理率（%） | 注册志愿者人数占本地常住人口比例（%） | 有志愿服务时间记录的志愿者人数占注册志愿者总人数的比例（%） | 生均义务教育公用经费支出（元/人） | 每千名常住人口公共卫生人员数（人） | 人均体育场地面积（平方米） | 《国民体质测定标准》合格以上的人数比例（%） |
|---|---|---|---|---|---|---|---|
| 富民县 | 100 | 15 | 52 | 小学 2007.09 初中 2244.4 | 0.34 | 1.94 | 90.5 |
| 宜良县 | 95 | 3.44 | 73.91 | 小学 2904.12 初中 1757.85 | 1.063 | 1.26 | 91 |
| 嵩明县 | 96 | 9.67 | 28.1 | 2143 | 0.15 | 9.4 | 85.3 |
| 石林县 | 100 | 13.19 | 61.12 | 小学 600 初中 800 | 0.86 | 2 | 95.02 |
| 禄劝县 | 97 | 0.0038 | 100 | 小学 2050.58 初中 1508.84 | 0.507 | 1.99 | 70 |
| 寻甸县 | 100 | 0.02 | 90 | 小学 1891.61 初中 1955.36 | 1.4 | 1.05 | 66 |
| 经开区 | 100 | 28.05 | 76 | 小学 600 初中 800 | 0.3 | 0.73 | 95.89 |
| 阳宗海风景区 | 100 | 3.16 | 100 | 普通学生 600 寄宿制学生 800 | 1 | 0.55 | |

附 录 287

续表

| 地区 | 农产品质量安全监测合格率（%） | 无劣于V类水体（有/无） | 县城声环境功能区夜间监测总点次达标率（%） | 行政村4G覆盖率（%） | 普通中学在校学生数（人） | 医疗卫生机构床位数（张） | 各种社会福利收养性单位数（个） |
|---|---|---|---|---|---|---|---|
| 五华区 | 99.5 | 无 | 100 | 100 | 49924 | 12094 | 11 |
| 盘龙区 | 99.3 | 无 | 100 | 100 | 26027 | 7215 | 1 |
| 官渡区 | 99.72 | 有 | 18.5 | 100 | 28598 | 4862 | 0 |
| 西山区 | 99.8 | 有 | 100 | 98 | 27740 | 13631 | 0 |
| 呈贡区 | 98.08 | 有 | 100 | 100 | 22744 | 2429 | 0 |
| 东川区 | 100 | 无 | 100 | 100 | 11432 | 1927 | 1 |
| 晋宁区 | 99.71 | 无 | 99 | 100 | 8265 | 1986 | 0 |
| 安宁市 | 98 | 无 | 100 | 100 | 18123 | 4404 | 0 |
| 富民县 | 99.79 | 有 | / | 100 | 10370 | 845 | 0 |
| 宜良县 | 99.81 | | | 100 | 18144 | 2307 | 5 |
| 嵩明县 | 99.64 | 有 | | 100 | 16360 | 1901 | 0 |
| 石林县 | 99.87 | 无 | 100 | 100 | 14268 | 1704 | 0 |
| 禄劝县 | 99.6 | 无 | 100 | 100 | 14836 | 2764 | 8 |
| 寻甸县 | 98 | 有 | 98 | 100 | 20812 | 2943 | 2 |
| 经开区 | 100 | 无 | 未监测 | 100 | 1931 | 570 | 0 |
| 阳宗海风景区 | 98.32 | 无 | 100 | 100 | 2756 | 172 | 0 |

## 附录二　昆明与全国若干指标比较数据

| 指标名称 | 单位 | 昆明 | | | 全国 | | | 出处 |
|---|---|---|---|---|---|---|---|---|
| | | 2017 年 | 2018 年 | 2019 年 | 2017 年 | 2018 年 | 2019 年 | |
| 文化事业支出占财政支出比重 | % | 0.95 | 1.06 | 1.1 | 0.42 | 0.42 | 0.45 | 《中国社会统计年鉴》2018 年版<br>《中国社会统计年鉴》2019 年版<br>《中国社会统计年鉴》2020 年版 |
| 每千人口医疗卫生机构床位数 | 张 | 8.97 | 9.23 | 9.22 | 5.72 | 6.03 | 6.3 | 《中国统计年鉴》2020 年版 |
| 每千人拥有执业医师数 | 人 | 4.03 | 4.17 | 4.57 | 2.44 | 2.59 | 2.77 | 《中国统计年鉴》2020 年版 |
| 人口平均预期寿命 | 岁 | 78.96 | 79.01 | 79.41 | 76.7 | 77 | 77.3 | 《2019 年我国卫生健康事业发展统计公报》 |
| 每千人配置全科医生人数 | 人 | | | 0.247 | 0.182 | 0.222 | 0.261 | 《中国社会统计年鉴》2019 年版<br>《中国卫生健康统计年鉴》2020 年版 |
| 城镇登记失业率 | % | 3 | 3.09 | 3.44 | 3.9 | 3.8 | 3.62 | 《中国社会统计年鉴》2020 年版 |
| 城镇居民人均可支配收入 | 万元 | 3.9788 | 4.2988 | 4.6289 | 3.63962 | 3.92508 | 4.23588 | 《中国统计年鉴》2020 年版 |
| 农村居民人均可支配收入 | 万元 | 1.3698 | 1.4895 | 1.6356 | 1.34324 | 1.4617 | 1.60207 | 《中国统计年鉴》2020 年版 |
| 每千老年人口养老床位数 | 张 | 35 | 39 | 25 | 30.92 | 29.15 | 30.5 | 《中国社会统计年鉴》2020 年版 |
| 食品监测抽检合格率 | % | 97.99 | 97.7 | 98.22 | 97.6 | 97.6 | 97.6 | 国家市场监督管理总局 |

续表

| 指标名称 | 单位 | 昆明 | | | 全国 | | | 出处 |
|---|---|---|---|---|---|---|---|---|
| | | 2017 年 | 2018 年 | 2019 年 | 2017 年 | 2018 年 | 2019 年 | |
| 人均公园绿地面积 | 平方米 | 11.02 | 11.35 | 10.95 | 14 | 14.1 | 14.4 | 《中国统计年鉴》2018 年版 《中国统计年鉴》2019 年版 《中国统计年鉴》2020 年版 |
| 城镇污水集中处理率 | % | 95.06 | 95.06 | 95.18 | 92 | 93.4 | 96.8 | 《中国社会统计年鉴》2018 年版 《中国社会统计年鉴》2019 年版 《中国社会统计年鉴》2020 年版 |
| 城市声环境质量：城市声环境功能区夜间监测总点次达标率 | % | 69.9 | 62.5 | 66.8 | 74 | 73.5 | 74.4 | 2017—2020 年《中国环境噪声污染防治报告》 |
| 常住人口城镇化率 | % | 72.05 | 72.85 | 73.6 | 58.52 | 59.58 | 60.6 | 2017—2019 年《文化发展统计公报》 |
| 生活垃圾无害化处理率 | % | 100 | 100 | 100 | 97.7 | 99 | 99.2 | 《中国统计年鉴》2018 年版 《中国统计年鉴》2019 年版 《中国统计年鉴》2020 年版 |
| 人均体育场地面积 | 平方米 | 2.06 | 2.1 | 2.23 | 1.66 | 1.86 | 2.08 | 2019 年《中国群众体育发展报告》 2019 年《国民经济和社会发展统计公报》 |

## 附录三　昆明与27个省会城市若干指标比较数据

| | 2017年教育经费支出（亿元） | 2018年教育经费支出（亿元） | 2017年城镇居民人均可支配收入（元） | 2017年农村居民人均可支配收入（元） | 2017年人均公园绿地面积（平方米） | 2017年城镇污水集中处理率（%） |
|---|---|---|---|---|---|---|
| 石家庄 | 167.67 | 197.12 | 32929 | 13345 | 17.1 | 99.44 |
| 太原 | 73.00 | 80.81 | 31469 | 15595 | 11.8 | 91 |
| 呼和浩特 | 53.59 | 51.09 | 43518 | 15710 | 19.4 | 95.22 |
| 沈阳 | 114.42 | 115.21 | 41359 | 15461 | 13.2 | 94.27 |
| 长春 | 119.70 | 127.27 | 29044 | 13431 | 10.8 | 89.39 |
| 哈尔滨 | 124.78 | 118.01 | 35546 | 15557 | 9 | 94.16 |
| 南京 | 217.84 | 253.06 | 54538 | 23133 | 15.6 | 96.26 |
| 杭州 | 279.30 | 315.44 | 56276 | 30397 | 13.8 | 95.25 |
| 合肥 | 141.80 | 163.51 | 36698 | 18594 | 14 | 99.72 |
| 福州 | 155.78 | 165.92 | 40973 | 17865 | 14.9 | 89.67 |
| 南昌 | 99.80 | 111.00 | 37675 | 16364 | 12.9 | 99.8 |
| 济南 | 143.34 | 153.07 | 46642 | 16594 | 11.3 | 98.94 |
| 郑州 | 175.96 | 212.92 | 36050 | 19974 | 12.9 | 98.03 |
| 武汉 | 267.99 | 259.98 | | 20887 | 9.6 | 95.94 |

续表

| | 2017年教育经费支出（亿元） | 2018年教育经费支出（亿元） | 2017年城镇居民人均可支配收入（元） | 2017年农村居民人均可支配收入（元） | 2017年人均公园绿地面积（平方米） | 2017年城镇污水集中处理率（%） |
|---|---|---|---|---|---|---|
| 长沙 | 177.26 | 194.60 | 46948 | 27360 | 7.6 | 98.14 |
| 广州 | 404.33 | 440.82 | 55401 | 23484 | 22.7 | 95 |
| 南宁 | 117.39 | 129.55 | 33217 | 12515 | 11.9 | 96.88 |
| 海口 | 31.52 | 36.64 | 33320 | | 12.4 | 95 |
| 成都 | 250.58 | 265.82 | 38918 | 20298 | 13.7 | 94.69 |
| 贵阳 | 104.77 | 121.10 | 32186 | 14264 | 17.7 | 97.8 |
| 昆明 | 118.17 | 130.05 | 39788 | 13698 | 11.02 | 95.06 |
| 拉萨 | 43.46 | 48.08 | 32408 | 12994 | 2.5 | 92.06 |
| 西安 | 133.89 | 157.19 | | | 12.1 | 93.29 |
| 兰州 | 80.33 | 79.98 | 32311 | 11305 | 12.8 | 95.49 |
| 西宁 | 46.56 | 52.84 | 30043 | 10548 | 12.3 | 75.67 |
| 银川 | 36.05 | 38.42 | 32981 | 13087 | 16.7 | 95.38 |
| 乌鲁木齐 | 72.15 | 83.10 | 37028 | | 12.2 | 89.99 |
| 平均值 | 138.94 | 151.95 | 38690.64 | 17185.83 | 13.03 | 94.50 |
| 昆明较平均值 | -20.77 | -21.90 | 1097.36 | -3487.83 | -2.01 | 0.56 |

# 参考文献

《习近平谈治国理政》（第三卷），外文出版社 2020
　　年版。

程连元主编：《昆明社会治理发展报告（2019）》，中
　　国社会科学出版社 2019 年版。

冯仕政：《社会治理新蓝图》，中国人民大学出版社
　　2017 年版。

龚维斌等：《中国社会治理创新之路——中国道路·社
　　会建设卷》，经济科学出版社 2019 年版。

国家治理视域下的社区治理创新编委会编：《国家治理
　　视域下的社区治理创新》，学林出版社 2016 年版。

国务院发展研究中心公管所：《社会治理的理论与实践
　　探索》，中国发展出版社 2018 年版。

孔卫英：《改革开放以来中国社会治理思想研究》，中
　　国社会科学出版社 2018 年版。

李长健：《中国农村社会治理法治化研究基于社区发展

的视角》，湖北人民出版社 2015 年版。

李军：《区域经济社会治理能力研究》，社会科学文献出版社 2018 年版。

连玉明：《中国社会治理创新报告 2019》，社会科学文献出版社 2020 年版。

潘家华：《生态文明建设的理论构建与实践探索》（习近平新时代中国特色社会主义思想学习丛书），中国社会科学出版社 2019 年版。

孙莉莉：《特大城市社会治理：立足基层社区的考察》，上海交通大学出版社 2019 年版。

佟岩、刘娴静：《社区建设与社会治理创新》，知识产权出版社 2015 年版。

王利敏、孟莉编：《社会治理视野下的社会工作发展》，河北人民出版社 2015 年版。

魏礼群编：《社会治理：新思想，新实践，新境界》，中国言实出版社 2018 年版。

宪群：《习近平新时代治国理政的历史观》（习近平新时代中国特色社会主义思想学习丛书），中国社会科学出版社 2019 年版。

张峰：《大城治理：基于精细化目标的特大城市智慧治理研究》，上海人民出版社 2020 年版。

张静：《社会治理：组织、观念与方法》，商务印书馆 2019 年版。

张康之：《社会治理的经络》，社会科学文献出版社
　　2020 年版。

张翼编：《社会治理与城乡一体化》，社会科学文献出
　　版社 2015 年版。

中国社会科学院国家法治指数研究中心、中国社会科
　　学院法学研究所法治指数创新工程项目组：《社会治
　　理：新时代"枫桥经验"的线上实践》，中国社会
　　科学出版社 2019 年版。